FAGUO GUOJISIFA ZHONG
DE HUHUIYUANZE

法国国际私法中的互惠原则

邓 剑/著

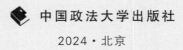

中国政法大学出版社

2024·北京

图书在版编目（ＣＩＰ）数据

法国国际私法中的互惠原则/邓剑著.—北京：中国政法大学出版社，2024.3
ISBN 978-7-5764-1443-1

Ⅰ.①法… Ⅱ.①邓… Ⅲ.①国际私法—研究—法国 Ⅳ.①D997

中国国家版本馆 CIP 数据核字(2024)第 077538 号

出 版 者　　中国政法大学出版社

地　　址　　北京市海淀区西土城路 25 号

邮寄地址　　北京 100088 信箱 8034 分箱　邮编 100088

网　　址　　http://www.cuplpress.com (网络实名：中国政法大学出版社)

电　　话　　010-58908586(编辑部) 58908334(邮购部)

编辑邮箱　　zhengfadch@126.com

承　　印　　北京鑫海金澳胶印有限公司

开　　本　　880mm×1230mm　1/32

印　　张　　6.75

字　　数　　200 千字

版　　次　　2024 年 3 月第 1 版

印　　次　　2024 年 3 月第 1 次印刷

定　　价　　55.00 元

　　法语"La réciprocité"是名词，释义为行为主体针对相对主体的行为施以同样的行为，从而产生等同的效力与后果的状态，呈现亚里士多德所谓"中庸"的局面；在汉语中一般译为"互惠"，具有互惠利益、互惠争议和互惠原则等丰富含义。作为法国国际私法原则的"互惠"由法国《宪法》第 55 条和法国《民法典》第 11 条确立。在当代法国国际私法法律实践中，互惠原则主要分为一般适用与特殊适用。互惠原则的一般适用表现为依据条约和普遍承认的惯例而适用法律的一般情况。特殊适用体现在条约和外国法律渊源存在的情况下，仍然适用法国法的情况。互惠原则在法国国际私法中"元规则"的地位，对我国国际私法相关的法律适用具有启示作用。

　　全书分为六章，第一章阐释互惠原则的概念，包括互惠原则的含义、法律定义、法律分类和在法国国际私法中的地位。第二章探析互惠原则在法国国际私法中的历史沿革，分别梳理了属人法时代、属地法时代和近现代国际私法中的"互惠"。第三章和第四章分别讨论互惠原则在现代法国国际私法中的一般适用和特殊适用的情况。第五章和第六章总结互惠原则对完善中国国际私法的启示与结论性意见和建议。本书的研究对象是法国国际私法的一般法律原则——"互惠原则"。在现代法国国际私法中，作为法律原则的互惠贯穿整个法国国际私法体系。国籍、外国人地位、冲突法和司法管辖权冲突的法律，构成法国国际私法的外部法律法规体系。从互惠原则的一般适用和特殊适用分别探讨上述四个方面的内容，才能完整了解互惠原则在法国国际私法中的法律实践情况，由此得到完善中国相关法律的启示和建议。

互惠原则是法国国际私法的一般法律原则，被称为法国国际私法的基本起点。法国学者认为互惠原则不仅在法国，在荷兰、英国、德国、希腊、比利时等国家的国际私法体系中都被视为"一元规则"。在法国，互惠原则当前仍然是宪法学、国际公法学和国际私法学上的共同研究课题。互惠原则的法律适用及其背后的国际私法的价值判断仍然是法理研究和法律实践中的重要问题。本书梳理了法国国际私法的体系，更新了我国关于法国国际私法的现代化发展的研究，对"法国国际私法中的互惠原则"进行了全面系统研究，具有一定的理论价值和现实意义，观点紧扣时代热点，反映古老的国际法律原则在现代国际社会中的作用方式，具有一定的创新性。

在法国国际私法法源中，作为法律原则的"互惠"由法国《宪法》第 55 条和法国《民法典》第 11 条确立。依此互惠原则，条约处于优先于国内法源的地位。互惠原则随着冲突法的产生而出现，在各个阶段的冲突法律实践与学说发展中，始终占据着在国际私法中的原则地位。在属人法与属地法时代，"互惠"伴随着法律实践而产生；在法则区别说时代，互惠原则中的主权平等、内外国法律地位平等、外国法律的平等适用、内外国人民事法律地位平等的基本观念开始得到区分。荷兰胡伯三原则，被视为对"互惠"的最初学说阐释。基于普遍主义的萨维尼明确提出了国际交往中的互惠原则。近现代国际私法学说中，在主权冲突与利益冲突、普遍主义与特殊主义、国家主义与国际主义、属人主义与属地主义各个学派的论争中，互惠原则始终以其不同的侧面得到强调。

在当代法国国际私法的法律实践中，互惠原则的一般适用指依据条约和普遍承认的惯例而适用法律的一般情况。在国籍法中即关于法国国籍的判定依据法国法。在外国人地位法律中，互惠原则是由法国《民法典》第 11 条所确立的基本法律原则。在现行的法国冲突法中，互惠原则的内容被分别体现在冲突法的各个部分，如国际冲突规范与国内冲突规范，包括身份关系的确定、物、法律行为、合同、民事侵权行为、婚姻的效力和财产问题、遗产问题的冲突规范。而互惠原则只有在法官对冲突法的具体适用过程中，才能充分实现其法律效力。虽然有遵守互惠原则的义务，法国法官在实践中仍然有适用法国法的自然倾向，于是法国最高法院出台了一系列判例，以规制法国法官平等地对待法国法与外国法，并且规定了应当适用外国法的情况。在涉外司法管辖权中，法国目前主要依据所签订的国际条约履行义务。

互惠原则在法国国际私法中的特殊适用指虽然有条约或者其他法律渊源，但仍然主要依据法国法的情况。分别包括：关于外国人地位法律，有最低保障待遇原则与同化原则；关于准入的特殊制度，有家庭团聚制度和申请庇护制度；关于居住的特殊制度，有对外国人融入法国社会生活的要求与途径作出更加严格规定的制度；关于强制离境，包括义务离开法国领土与因下达驱逐令而驱逐出境；关于外国人在法国的权利，有外国人在法国的公权利的特殊规定；关于确定公司所在地有控制说制度，该制度经常体现于特殊的法律问题之中，如战争损害的赔付、公共服务特许、银行活动、旅游代理、出版等，只要上述活动与法国有最低限度的相关，法国认为即可以主张适用法国的法律；作为解决管辖权冲突的互惠原则的特殊适用，有管辖权选择制度；作为外国判决承认与执行的互惠原则的特殊适用，有财产判决书方面的特殊规定。由此，能够得到完善中国国际私法的启示。中国现行法律将互惠原则仅限于涉外判决的承认与执行范畴，并采取严格的事实互惠的认定标准，否定了法官造法的权力，缺乏确保法官恰当地进行法律选择，平等地适用内外国法律，准确地适用条约和外国法律的控制机制。明确互惠关系的认定标准，法官法的效力及其与国家制定法的关系，建立保障法官法恰当运行的控制机制是中国国际私法发展的客观需要。

目 录
CONTENTS

一、问题的提出

互惠原则（La réciprocité）是法国国际私法的基本原则。在法国国际私法的法律渊源中，作为法律原则的"互惠"，由法国《宪法》第 55 条和法国《民法典》第 11 条确立。依此互惠原则，条约处于优先于国内法源的地位。在现代法国国际私法中，作为法律原则的互惠如何被适用以及如何贯穿于整个法国国际私法体系，是基于实证研究方法值得考察的问题。国籍、外国人民事法律地位、冲突法和司法管辖权冲突的法律，构成了法国国际私法的外部法律规则体系。从互惠原则的一般适用与特殊适用两个方面分别探讨法国的国际私法规则体系，可以从整体上观察互惠原则在当代法国国际私法中的法律实践情况。在此基础上，可获得完善中国国际私法的启示。通过对中国现行相关法律的研究，可以发现中国现行法律机制存在的局限，进而，提出完善中国国际私法的建议。

（一）中国研究综述

1. 关于互惠原则的研究现状

李浩培先生讨论国际法被遵守和执行的基础即互惠原则，他认为从长远的国家利益考虑，遵守国际法的各国期望他国同样遵守国际法，他国违反国际法虽然有可能获得短暂的不公平的优势，但将遭到履约国家的报复，因此违反国际法的代价将明显大于遵纪守法，是不符合国家的长远利益的，从而基于互惠原则，绝大多数情况下的国际规约被国家自觉遵守，无需采取制裁的方式。从国际法原理角度探讨互惠原则的有姜世波关于《互惠与国际法规则的形成——博弈论视角的考察》[1]的文章，他认为国际法领域对互惠含义的理解有所不同。帕瑞斯（Parisi）在社会存在的博弈模式中推导出三种互惠类型：结构性互惠、诱导性互惠和随机性互惠。在缺乏中央权威的国际关系中，这些互惠类型形成不同的国际法规则。可以说，互惠原则构成国际关系的元规则。在现代国际规则的制定中，互惠原则的局限性也有所体现：第一，在存在互惠原则的基础上，也并不一定能够通过合作形成国际规则；第二，传统的互惠理论无法解释公益性国际法规则的形成。2004 年，美国桑塔菲机构的萨缪·鲍尔斯（Samuel Bowles）和赫伯特·金迪斯（Herbert Gintis）提出"强互惠"理论，认为社会中的大多数人会因为违反社会规范的人得不到惩罚而觉得不舒服，当正义得到伸张的时候他们会即刻觉得轻松和满意。这种社会的普遍确信，是导致公益性国际法规范形成的社会内驱力。

我国关于互惠原则的其他研究聚焦于国际私法中外国法院的判决与执行。费宗祎在《阻碍适用外国法律的原因》［译自1974 年版匈牙利的史查斯齐（Strassky）《西方国家、社会主义国家和发展中国家的法律冲突》一书第二部分第二章］的文章中专门讨论了互惠原则。文章认为"互惠一般并不是适用外国法律的前提条件，没有互惠也并不当然排除对外国法律的适用，这已经为美国《冲突法汇编》第 6 条所明确宣布，也为苏联和人民民主国家的学术界所承认"。同时，文章也列举了与上述观

---

〔1〕 姜世波：《互惠与国际法规则的形成——博弈论视角的考察》，载《政法论丛》2010 年第 1 期。

点相反的立法情况：如匈牙利《国际私法法典》第 19 条，1963
年捷克斯洛伐克《国际私法法典》第 32 条，1974 年南斯拉夫
《民事诉讼法典》第 17 条和第 20 条都确立了互惠原则作为外国
法律适用的前提。当时以苏联学者为主流的人民民主国家的学
者在讨论互惠问题时提出了需要区别对待的两种情况：一是以
互惠为条件适用某项具体的法律规则；二是西方国家置互惠原
则于不顾，完全拒绝适用社会主义国家或人民民主国家的法律，
或者拒绝承认其整个国家的法律制度。

　　徐崇利在《经济全球化与外国判决承认和执行的互惠原则》
的文章中讨论了互惠原则的理论与制度，认为在外国判决的承认
与执行中互惠的要求处于首要地位。而互惠原则表现为各国法院
在对等条件下承认与执行对方的判决。许多国家开始重视互惠原
则是基于维护本国国家利益与促进各国利益平衡的考虑。[1]杜涛
在《互惠原则与外国法院判决的承认与执行》的文章中讨论了互
惠原则的基本理论，各国关于互惠原则的立法比较，将互惠原则
区分为绝对的互惠原则、不完全的互惠原则和无互惠原则，以及
对互惠原则的批判与修正，在此基础上总结了中国的立法与实践，
并提出建议。同时指出互惠原则，也称对等原则，英文为 "Prin-
ciple of reciprocity"，德语为 "Gegenseitigkeitsprinzip"，是国际法
的基本原则，甚至被认为是国际法中的一根独立支柱。[2]这是由
于互惠与对等原则是国家主权独立与平等的反映。在国际经济
法中，互惠原则是一般性原则，是平等互利原则的具体体现。
在国际私法中，互惠原则也是一项基本原则。依据萨维尼（Sav-

　　〔1〕　徐崇利：《经济全球化与外国判决承认和执行的互惠原则》，载《厦门大
学法律评论》2005 年第 1 期。
　　〔2〕　杜涛：《互惠原则与外国法院判决的承认与执行》，载《环球法律评论》
2007 年第 1 期。

igny）的理论，国家主体间的"互惠"或"礼让"是国际私法存在的基础，而在国际私法中的外国人民事法律地位问题、法律冲突问题与管辖权冲突问题中，互惠原则也有所体现。

林倩在《再论承认与执行外国法院判决中的互惠原则》[1]的文章中提出"互惠原则"等于"对等原则"的怀疑，认为"互惠原则"应当更加侧重互惠利益，而不包括"对等原则"中的报复性措施。并指出广义互惠包含条约互惠、法律互惠、事实互惠，并且互惠原则存在例外情况，如 1958 年海牙《扶养儿童义务判决的承认和执行公约》（Convention on the Recognition and Enforcement of Judgments concerning the Duty to Support Children），1965 年海牙《承认离婚与法律别居公约》（Recognize the covenant of divorce and separation），1973 年海牙《扶养义务判决的承认与执行公约》（Convention on the Recognition and Enforcement of Judgments of Maintenance Obligations）。另外，文章提出互惠原则的发展趋势：第一，美国有逐渐取消互惠原则的趋势。1926 年美国纽约州上诉法院在约翰逊案件（1926 United States Court of Appeals of New York in Johnson case）中所作出的裁决表示"不对互惠原则作任何要求"，1986 年美国《承认外国金钱判决统一法》（Uniform Recognition of Foreign Money Judgments Act of 1986）也未采用互惠原则。第二，互惠原则的适用多见于特定领域。第三，以国际公约替代互惠原则的适用，如国际私法协会的成果——1965 年海牙《协议选择法院公约》（Convention on the Choice of Court by agreement）。2008 年何玉振在《外国法院判决的承认与执行中的互惠原则》的文章中较详细地讨论了互惠原则的理论和历史发展，侧重外国法院判决的承认与执行领

---

〔1〕 林倩：《再论承认与执行外国法院判决中的互惠原则》，载《法制与社会》2007 年第 11 期。

域法律的比较研究。

我国关于互惠原则的研究主要有韩德培主编的《国际私法》[1]、黄进主编的《国际私法》[2]和肖永平所著的《国际私法原理》[3]，其均提出：由于我国法学界对互惠原则缺乏比较深入的研究，因此大部分学者均对承认和执行外国判决中的互惠原则持一种简单的肯定态度，且都没有说理由。目前已有的研究成果反映出以下问题：一是关于互惠原则没有深入的理论研究。互惠原则具有深厚的社会学、人类学和伦理学基础，由此才形成西方国家采取互惠原则的根源，我国的研究尚未对上述领域进行扩展。二是我国学说认识到互惠原则作为国际私法原则的地位，即互惠原则是国际经济法的一般性原则，是国际私法的基本原则，但未在国际私法研究中拓展互惠原则的适用，而局限于承认和执行外国判决中的互惠原则。三是中国国际私法中的互惠原则的概念尚未形成定论，争议焦点在于互惠原则是否与对等原则等同，互惠原则在国际私法中的性质和地位的确定，互惠原则与其他国际私法原则的关系等都是值得进一步研究的问题。

2. 关于法国国际私法的研究现状

李双元教授主编的《国际私法》教材对法国国际私法的学说和相关的冲突规范给出了总括性提要，在国际私法的历史中，从萌芽阶段的国际私法开始，总结了法国国际私法所经历的属人法时代、严格的属地法时代、法国的法则区别说、新法兰西学派与法国《民法典》等。并对现代阶段的法国国际私法代表人物如普遍主义学者毕耶（Pillet）、特殊主义代表人物巴迪福

---

[1] 韩德培主编：《国际私法》，高等教育出版社、北京大学出版社 2000 年版，第 476 页。

[2] 黄进主编：《国际私法》，法律出版社 1999 年版，第 959 页。

[3] 肖永平：《国际私法原理》，法律出版社 2003 年版，第 422 页。

（Batiffol）的国际私法学说作出了概括与总结。在分则的其他部分，也就相关的法国立法作出了比较法上的研究。

蒋新苗教授在《现代大陆法系国际私法学人与学说管窥》和《国际私法本体论》中，依据法国现代著名的国际私法学者巴迪福的国际私法思想，对法国现代主要国际私法学者的代表观点如毕耶关于本国法范式的更新、尼伯耶（Niboyet）激进的国家主义国际私法观、莱尔保·皮热奥尼埃尔（Lehrbaum Piero Niel）的折中主义和巴迪福特殊主义的国际私法观，分别作出了检视和点评。

任丽华在《法国国际私法发展史研究》的文章中提出法国是西方两大法系之一大陆法系的发源地，为现代西方法律贡献了许多重要的法典、制度、原则和概念。文章就杜摩兰（Dumolan）和达让特莱（Darygentlet）学说的异同进行了比较分析，厘清了意大利学派的法国国际私法学者的历史功绩。同时总结了法国国际私法的代表人物魏斯（Weiss）、毕耶、巴坦（Battan）、尼伯耶、巴迪福和弗朗西斯凯吉斯（Francis Cage）的学说及其新近的发展，梳理了法国在加入欧共体后签订的有关国际私法方面的条约，并对法国当代国际私法的基本制度进行了介绍。

陈洪武对巴迪福的经典著作《国际私法总论》进行了翻译，该作品对中国当代国际私法学者影响颇深，也是我国最早系统认识法国国际私法学者的研究资料。

马汉宝先生所著的《国际私法：总论各论》对世界各国的国际私法学派进行了梳理，将法国国际私法学归纳为"法意学派"，同时将法国国际私法学的发展归因于意大利孟西尼（Mancini）主张的本国法主义，故该学派也称意大利学派。并指出"晚近法意之国际私法趋势，与德国及其他欧洲国家大体相似"。此外，梅仲协教授曾获得巴黎大学法学硕士，其著述的《国际私法新论》受法国国际私法学影响颇深。留法博士曾陈明汝教授，在《法国收养制度之研究》和知识产权法的相关研究中，对法国的国际私法相关制度都进行了详细的探讨。

我国关于法国国际私法的研究尚未形成体系化的认识，关于法国国际私法的基础理论问题如法国国际私法的范围、法律渊源等尚未形成一般性共识。已有研究聚焦跨国收养、涉外司法管辖权冲突等领域。并且，我国关于法国国际私法的现代化发展认识有待更新，已有研究成果体现着经典学说和冲突规范。

（二）法国研究综述

保罗·拉加德（Paul Lagarde）和巴迪福都是著名的法国国际私法学者，早在 20 世纪 70 年代两位权威学者就出版了《国际私法中的互惠原则》（La réciprocité en droit international privé）的专著。[1]著作从国际私法发展的历史角度和现实角度，特别是从法国《宪法》第 55 条规定和法国《民法典》第 11 条规定，以及国籍、外国人地位、管辖权冲突和外国判决的承认和执行等制度中，总结出互惠原则是法国国际私法的一般法律原则，或称为法国国际私法的基本起点。甚至认为互惠原则不仅在法国，并且在更多的国家，如荷兰、英国、德国、希腊、比利时等国家的国际私法体系中都被视为"一元规则"。在学说方面，荷兰学者胡伯（Huber）的三原则早已恰当地概括了互惠的原因和内容。互惠原则作为国际交往的基础，推动着各国经济、政治与文化的全面交流与协作。[2]

尼伯耶在《外交条约和国际私法条约中互惠原则的概念》（La notion de réciprocité dans les traités diplomatiques de droit inter-

---

[1] Paul Lagarde, *Matière préliminaire*: *La réciprocité en droit international privé*, Martinus Nijhoflf Publishers, 1977, p. 154.

[2] Paul Lagarde, "La réciprocité en droit international privé", *par Recueil des cours*, Volume 154, 1977, *No.* 1.

national privé）中区分了公法性"外交条约"和私法性"国际私法"条约中关于互惠原则的概念与效力上的差别，但其基本观点仍是立足于互惠原则是国际性法律关系的起点。[1]海牙国际法学院的米歇尔·维拉利（Michel Virally）出版了《现代国际法中的互惠原则》（Le principe de réciprocité dans le droit international contemporain），该著作侧重从条约（包括公法性与私法性）角度解读互惠原则。[2]

当前在法国国内，互惠原则仍是宪法学、国际法学和国际私法学共同的课题。法国法学界关于互惠原则研讨的焦点在于：究竟是宪法还是条约处于金字塔的顶端？若是宪法处于金字塔的顶端，则是基于国家主权对等基础来适用条约，即国家主权层面的互惠；如果是条约处于金字塔的顶端，则成为条约统一权力之下，各成员之间的互惠。而如果承认条约处于金字塔的顶端，则承认了"超国家主权"的存在。[3]"Hierarchie"原指金字塔，但法律法语中指法律效力的层次，称法律位阶。这一概念由哈耶克（Hayek）提出，他认为法律体系是分层的，类似于金字塔的结构。在关于国际条约和内国宪法的争论问题上，法国学者争论的焦点在于：究竟是条约还是宪法应处于金字塔的顶端。哈耶克所提出的国际法与国内法的法律位阶理论得到欧洲国家的普遍认可。在国际公法领域，创设国际条约的主要

[1] Niboyet, "La notion de réciprocitédans les traités diplomatiques de droit international privé", par Recueil des cours, Volume 52, 1935, No. 11.

[2] Michel Virally, "Le principe de réciprocité dans le droit international contemporain", par Recueil des cours, Volume 122, 1967, No. 3.

[3] 该争论的主要理论有国际法律体系的一元论与二元论：一元论主张国际法规则纳入国内法律体系之中，成为内国法律体系中最高地位的规则。二元论的观点是国内司法秩序和国际司法秩序是两个相互独立的法律体系，两个体系都基于国家主权所产生，两个体系也因为国家主权的平等而平位。Jean Derruppe, Jean-Pierre Laborde：Droit international privé, 16eed, DALLOZ Précis, 2008, p. 4.

目的就是明确国际条约的优先地位，各成员国政府必须在国内法律体系中承认这种地位。但在国际条约的法律实践中，所有国家完全遵守条约的全部规定是不现实的。国际法源与国内法源在国际私法中都是客观存在的。依据尼伯耶等学者的"特殊国家利益"理论，在处理那些仅指向国家特定的内国利益的情况中，国内法渊源应该处于主导地位。虽然国际法旨在实现其在相关案件中的优先地位，但现阶段国际渊源的困境包括：条约数量增加所带来的条约间的冲突，条约管辖范围不断触及内国宪法的基本规定所产生的与国家主权的冲突。这对互惠原则的法律适用及其背后的国际私法价值判断都产生了直接影响。在具体的国际私法工作中，适用宪法与民法确立的互惠原则来裁判案件，与直接适用条约来裁判案件，经常导致不同的司法程序与结果，即在个案中究竟如何在条约、法国法与外国法之间进行选取，并且应当依据何种标准。

二、基础概念的说明

认识法国整体的法（Le droit）、法国国际私法（Droit international privé）和法律渊源的特殊性是界定法国国际私法中互惠原则的研究范围的客观需要。

（一）整体的法

法语的国际私法，其中"Le droit"汉语表述为"法"。对于"法"的理解，法国有"Le droit"和"La loi"的区别，前者指抽象的法，后者指具体的法，"Le droit"的概念包含"La loi"。整体法与具体法关系的问题和法学研究范围、法律效力、法律适用问题密切相关。[1]

---

〔1〕 Oscar Ferreira, *Histoire contemporaine des sources du Droit*, Éditeur Ellipses, 2019, p. 208.

（二）法国国际私法

法国国际私法是调整具有涉外因素的私法问题（les situations de droit privé）的法律规范的总和。它调整个人或经济主体之间，或者具有不同国籍的主体之间，或者有不同的居所或者住所的人之间，具有涉外因素的经济或财务关系。[1]法国国际私法的概念是相对于德国和英美法系国家而言的"大国际私法"，[2]包括四个部分：第一，国籍（nationalité），指确定国家权利主体身份的规则。如作为法国人的条件。第二，外国人地位（condition des étrangers），指在法国的外国人的身份地位。如入境、居住、职业活动、权利、义务和自由等问题。第三，冲突法（conflicts de lois），指多个国家依据至少一个涉外因素，在司法过程中可以适用的法律。例如，在瑞士，一个法国人向一个意大利人出售位于阿根廷的不动产，产生判定究竟适用法国法、意大利法、瑞士法还是阿根廷法的问题。第四，司法管辖权冲突（conflicts de juridictions），指在遇到具有涉外因素的情况下，判定哪个法院依据什么而具有作出司法裁判的权力的问题。例如，在西班牙发生一起纠纷，当事人是两个法国人或者一个法国人和一个比利时人，此时哪个法院具有管辖权需要被确定，假设该案由西班牙法院作出了判决，则产生该判决能否在法国生效的问题。

（三）法国国际私法的法源

国际复杂的法律关系和私法的性质，决定了法国国际私法法源的非单一性。虽然国际私法的目的是国际性的，但国际私

---

〔1〕［美］罗斯科·庞德：《法理学》（第2卷），封丽霞译，法律出版社2007年版，第6页。

〔2〕Pierre Mayer, Vincent Heuze：*Droit international privé*, 8eed, Montchrestien Précis, 2004, p. 784.

法的法源兼具国际性与国内性，这也构成了国际私法与国际公法的显著区别，因为国际公法的渊源主要是国际性的。法国国际私法法源分为国际渊源与国内渊源。国际渊源包括条约、国际习惯和国际判例。国内渊源包括法律、判例和学说。众多法律渊源导致法律适用上的矛盾，因此各种渊源之间的关系和法律位阶成为必须关注的问题。随后，当条约在法国具体适用时，法国法官不可避免地需要对条文进行解释。为了避免解释无限制地产生新的造法，需要对法官所使用的解释方法有所规制。

1. 条约

作为法国国际私法法源的条约包括双边条约和多边条约或称统一条约。双边条约最能体现两国间的互惠关系。双边条约由两个国家谈判签署，其优点是协商与签订的过程相对简单，因为作为特定的两方之间的利益容易协调并对等。缺点是强化了法律的分割性。因为仅在特定的两个国家适用，不利于应对经济全球化背景下的私法冲突案件多发的局面。法国法官在处理涉外民事案件的时候，并非把双边条约作为主要法律依据，仅在遇到特殊问题需要进行解释的时候，才把它当作一种解释的依据。目前，法国法院适用较多的双边条约包括限制国籍冲突和外国人地位保护的双边条约。

多边条约订立的目的不是针对某一个特定成员国的某个特定的利益，而是出于一种国际的广泛意义上的互惠利益或互惠正义考量。多边条约的订立是为了解决多个不特定成员国之间，在不特定的场合所发生的某类法律问题。多边条约的基本确信是，与各国互不合作的状态下解决矛盾相比较，以国际合作的方式解决矛盾要具有更普遍和积极的意义。但多边条约的困难是，在成员众多的情况下，各方的意见和利益协调的难度更大，除非条约中的普遍价值已经得到大多数成员的共识。目前，已经达成的国际私法多边条约可以分为实体法规则和冲突法规则。其中，实体法规则包括了运输、商业、知识产权、文学和艺术财产权等领域。

多边条约中统一冲突法规则的运动，开始于19世纪70年代，1928年第六届美洲国家会议通过了由15个国家签署的包括437项条款的《布斯塔曼特国际私法典》（Bustamante Code of Private International Law）。在1931年至1943年间，欧洲国家中的北欧国家组织也签署了类似协议，该组织由挪威、瑞典、芬兰、冰岛、丹麦组成。

在统一冲突法规则的发展运动中，具有重要影响力的组织是海牙国际私法会议和欧盟。《海牙公约》（Hague Convention）是海牙国际私法会议的成果。1893年，该组织召开了第一次会议，由69个成员国组成，然后每四年举行一次例会。1914年的第四次会议取得了很多重要成果，在程序、婚姻、抚养、离婚、继承问题上达成了公约。[1]但此次会议的成功只是相对和短暂的，这些公约随着1910年开始的第一次世界大战所造成的混乱局面而被废除。1951年，海牙国际私法会议共召开了7次会议，主题是关注经济发展和特定家庭关系问题，每一次会议都达成了3个到4个公约。但这些公约的缺点是，对国际私法的门类作出了过多划分。按照这些公约，协议内容包括：民事诉讼程序法、动产出售、关于儿童的抚养义务、遗嘱形式、矿产保护、收养、对外国人行为的立法、司法方法的意义、外国取证方法、对离婚的重新认识、对裁判执行的重新认识、运输事故、遗产管理、产品责任、抚养义务、婚姻规则、婚姻举行、调解合同、诱拐儿童、可诉性、联合、销售市场、死亡引起的继承、跨国

〔1〕 Jean Derruppe, Jean-Pierre Laborde：*Droit international privé*, 16eed, DALLOZ Précis, 2008, p. 4.

收养、人权国际保护、调解的权利、同意选择权等。[1]这些过于细致的划分，导致了公约批准生效进程缓慢的局面。2008 年后，《海牙公约》成员国达到 38 个，但这也进一步延缓了统一的进程。

欧盟源于欧洲经济共同体，出于对经济利益的需要，其成员国境内的经济实体推动了国际私法的统一化运动。如今，这一运动的影响力日益扩张。欧盟在国际私法方面达成的公约包括：《布鲁塞尔公约Ⅰ》《布鲁塞尔公约Ⅱ》《罗马公约Ⅰ》《罗马公约Ⅱ》和《阿姆斯特丹条约》。

1968 年 9 月 27 日签订的《布鲁塞尔公约Ⅰ》，是关于执行民事和商事管辖权的公约。该公约于 1973 年 2 月 1 日生效，对新成员的加入以签订补充公约为要求。于是，卢森堡在 1978 年 1 月 9 日，希腊在 1982 年 9 月 25 日，圣塞瓦斯蒂安（San Sébastian）在 1989 年 5 月 26 日签订了补充公约。这些成员在 1978 年和 1989 年修改了公约的初始条文。在公约的实践中，布鲁塞尔公约体系与欧洲自由贸易联盟所签订的公约内容相似，所以两个体系的运行出现和谐的局面。《布鲁塞尔公约Ⅰ》于 1998 年 5 月 28 日被《布鲁塞尔公约Ⅱ》所代替，主要修改了管辖权和婚姻制度方面的规定。1980 年 6 月 19 日签订的《欧盟运行条约Ⅰ》，是关于合同法律义务适用的公约。该公约于 1991 年 4 月 1 日在法国生效。随后，1997 年 10 月 2 日签订的《阿姆斯特丹条约》在 1999 年 5 月 1 日正式生效。该公约转变了一些欧盟的关于政府间合作的职能，减少了欧洲议会在审判中的权力，而将主要权力转移到了司法合作方面。2000 年 12 月 20 日，《布鲁塞尔公约Ⅰ》已经转化成为共同体规则，名为《布鲁塞尔规则Ⅱbis》。

---

［1］ Yvon Loussouam, Pierre Bourel: *Droit international prive*, 9eed, DALLOZ Précis, 2007, p. 1026.

在法律冲突规范领域，又出台了《罗马条约Ⅱ》，即 2007 年 7 月 11 日的 EU864/2007 号文件，是关于非合同法律义务适用的公约；以及，2008 年 6 月 17 日 CE593/2008 规则，是关于合同义务法律适用的公约。至此，上述欧盟公约正式作为成员国国际私法的法律渊源。

法国法院在解释条约的权力范围上有不同划分。巴黎上诉法院授予民事法庭解释条约的权力，除非提交的案件涉及国际公法的事项。这一例外规定，排除了民事法庭对公法性质案件的管辖权，于 2007 年 2 月 8 日被废止。相反，法国刑事法院采用无管辖权的原则，即涉及国际刑事问题的案件，法国刑事法院一概不予受理。传统上，法国国际议会要求法院在进行有关国际条约的解释问题上征求议会意见。但是，法国最高行政法院在 1990 年 6 月 29 日 GISTI 案件中，裁定议会放弃了这项权力。如今，议会也采取同样态度，除了管辖范围中的冲突问题，并只在国际条约和欧盟公约项下的人权公约的范围内，行使预先审查权，而预先审查依据的是法国法。

在法官解释条约的方法上，以往的做法是用国内法来解释条约中的有关概念。这导致分歧出现的时候，国内法占主导地位。并且，在由国内法转化国际条约的适用中，国际规则在概念上与国内法的分歧自动被忽略了。为了避免这些国际条约适用上的缺陷，现代的倾向是，解释条约条款时，研究条约中所规定的原则，以原则所要实现的目标为标准进行解释。

2. 国际习惯

国际习惯作为法国法源的适用是被限制的。目前法国较多使用的国际习惯有属人管辖和属地管辖。例如，如果被告在法国定居，法国法官就可以宣布对案件的管辖权。而如果被告在德国定居，那么德国法国也可以这么做。如关涉国籍，以及关于国籍相关概念的解释时，如果涉及不同国家的法律，也应该以当事人的本国法为依据。国籍的认定依据出生地主义或者血统主义。出生地主义要求在法国领土出生，血统主义要求当事人的父母至少有一方是法国人。法国是兼采出生地主义和血统主义的国家。依据互惠原则，无论当事人的本国法是法国法或者指向其他国家，只要对方也给予法国同样的权力，则法国也能给予对方同样的待遇。但是，在更多情况下，国际习惯作为法源的客观性被质疑。因为，国际习惯所要求的国际责任，已经被很多国际规约所吸收，客观地存在于国际规约之中。

3. 国际判例

海牙国际法院的判例是法国国际私法的法源。国际法院的判决虽多，但其应用于国际私法领域中的案例较少。关于国籍的有 1923 年 7 月 7 日的意见，是有关法国前属殖民地突尼斯（Tunisia）和摩洛哥（Morocco）的国籍问题的法令和 1955 年 4 月 6 日关于反对诺特波姆（Nottebohm）在第三国入籍的行为的判决；在外国人地位方面，有 1926 年 5 月 25 日波兰无偿征用德国在希思黎（Silésie）的工厂的判决和 1970 年 2 月 5 日巴塞罗那（Barcelona）对企业的外交保护判决；在冲突法问题上，有 1929 年 7 月 12 日关于南斯拉夫人和巴西人在法国的借款判决和 1958 年 11 月 28 日博列洛（Boll）矿产保护的判决。意大利乌尔比诺（Urbino）大学法学院的佩特里（Petry）教授认为，国际习惯与国际判例不属于大陆法系国家的正式渊源，意大利与德国均采此种观点，但是法国承认二者是正式的国际私法渊源，这是作为传统大陆法系国家的法国国际私法制度的特别之处。

4. 法律

法国《民法典》没有特别关注国际私法问题，相关的条款仅有第 3 条、第 14 条、第 15 条和第 2123 条。基于历史原因，此类法律规定基本以单边规范的方式作出，并且体现出严格的属地主义倾向。但在目前的法律实践中，根据法国《宪法》第55条的规定，所有法国法律如果与法国所签订承认的条约相冲突，则处于低于条约的法律位阶。并且，由于法国国际私法坚持互惠原则，即在司法实践中，如果其他国家给予法国关于下述法律所描述的权力，则法国也将对其给予同等权力。

法国《民法典》第3条　有关警察与公共治安的法律，对于居住于法国境内的居民均有强行力。

不动产，即使属于外国人所有，仍适用法国法律。

关于个人身份与法律上能力的法律，适用于全体法国人，即使其居住于国外时亦同。

法国《民法典》第14条　不居住于法国的外国人，曾在法国与法国人订立契约，因此契约所生的债务的履行问题，得由法国法院受理；其曾在外国订约对法国人负有债务，亦得由法国法院受理。

法国《民法典》第15条　法国人在外国订约所负的债务，即使对方为外国人的情形，得由法国法院受理。

法国《民法典》第2123条　裁判上抵押权因司法上所为的判决，不问曾否经双方辩论或缺席，亦不问其为确定的或临时的而发生；关于私署债务证书亦得经裁判上取得债务人的承诺或司法上的确认而发生裁判上抵押权。裁判上抵押权，在以下规定的限制下，得对于债务人现在即将来取得的不动产行使其权利。公断决定，仅在法院签发执行命令时，始发生抵押权，但政治的法律及条约有相反的规定时，不在此限。在外国法院的判决，亦仅在法国法院宣告其有执行力时始发生抵押权。

1970年法国《家庭法》（Le droit de la famille）的改革促使

法国《民法典》增加了国际私法的相关条文第 309 条关于离婚的法律和在亲子关系方面的第 311-14 条规定。相反，法国的国籍法和外国人地位方面的规定是非常细致的。

法国《民法典》第 309 条 妇女可以依据法院（关于离婚）的裁定达成新的婚姻关系。

法国《民法典》第 311-14 条 亲子关系的确定由产生子女之时母亲的本国法决定，如果母亲身份无法得知，则依子女的本国法。

5. 判例

判例是法国国际私法的重要法源，法国如果着手国际私法法典的编撰工作，那么法典中的大多数冲突规范都将来源于判例。正是由于长期缺乏国际私法的立法条文，巴黎上诉法院经常面临对国际私法问题作出总体裁定的情况。尤其是已成为法国国际私法的重要渊源的"重大判例"（grand'arrêt）[1]和巴黎上诉法院对提交其裁决的案例作出的有关管辖权的裁定。1956年 2 月 2 日，巴黎上诉法院民事法庭作出判决，关于法国《民法典》第 3 条的法律适用问题，即婚姻关系适用夫妻的属人法。法院认为涉外婚姻关系的纠纷提交到法国法院，是法国法院行使管辖权的基础。相反，婚姻形式要件的确定，则适用法国法。基于互惠原则，如果法国人的涉外婚姻关系纠纷提交到其他国家，则其他国家也能够以此为基础行使管辖权，并且基于本国

---

〔1〕 德国学者将其概括为"法官法"，在大陆法系的德国也采此方法。"法官法"是制定法和习惯法没有作出规定，而最高法院判决所采用的裁判规定，往往依据某种价值标准。德国最高法院通常以个案裁判公之于众，使之实际上成为日后审理同类案件的依据。这种情况在国家缺乏具体法律规范规制的时候显得尤为突出。[德] 考夫曼：《法律哲学》，刘幸义等译，法律出版社 2004 年版，第 128 页。

法律关于婚姻形式要件的规定，适用该国的法律。实践中，尽管法国禁止一夫多妻制，但在外国适用一夫多妻制成立的婚姻仍然在法国发生一定的效力。与此相应，对方国家也应当尊重婚姻成立地为法国的法国婚姻法的效力。

6. 学说

由于法国国际私法的条文实在太缺乏，才产生法官造法的局面。但法官本身并非都是国际私法学领域的专家。因此，法官在解释判决的时候应该运用专业领域中被认同的观点，这样的判决才能不违背国际私法的原则。这一责任自然得由国际私法的学说承担。再者，因为欧洲特殊的地域和历史背景，私法性质的问题经常呈现为国际私法的纠纷，法官更倾向于在学说中寻找答案。并且，法官在进行裁决分析问题的过程中，为了不对自己的职业生涯产生不良的影响，引入学说的观点进行论证还能在客观上减轻责任。

三、研究方法的说明

（一）法哲学方法

萨维尼认为法学是一门哲学性的科学。在萨维尼的观念中，"哲学性等同于体系性"。[1]所有的体系都根源于哲学，对纯历史性体系的论述溯源于某种统一性或者某种理念，这种统一性与理念构成体系化论证的基础，这即是哲学。若想真正发挥法学的体系化研究的作用，就必须为一个统一体构造内在关联。由此，它必须为法学、为整个立法提供一般内容与一般人物。如果存在一种与法学直接紧密相连的哲学，通过完全的演绎，能够确定一般人物的整个范围，那么，法学的体系化研究便具

---

〔1〕［德］萨维尼、格林：《萨维尼法学方法论讲义与格林笔记》，杨代雄译，法律出版社 2008 年版，第 89 页。

有可能性，法学也就可以理解为一门哲学性的科学。

卡尔·拉伦茨（Karl Larenz）在其《法学方法论》中提出，方法论在法学中意味着某特定法学的方法论，而且方法论不只是要描述实际如何进行，同时也要追问某特定的方法的价值及其可能的成效。不管愿不愿意，方法论会导致法哲学。即使每个实证法体系的法学各自发展出特有的方法论，其最后要解决的仍是同一问题：如何适当地认识"法这个事物"。只有以一独立于各该"实证"法秩序之外的法这个事物的特质、其特有的性质为论题的学问，才能答复这个问题：法哲学。[1]这意味着，法哲学的研究方法属于体系化的研究方法，该体系化研究需要找寻法律体系内在的统一性，或称法理念，以此理念集合外部法律规范，并理解该体系的运作方式。而研究目的仍然是辅助现行法的发展。

（二）历史方法论

梅因（Maine）的《古代法》奠定了其作为现代历史法学派的代表人物的地位。梅因利用经验的资料，以实证的态度，运用了科学的、历史的和比较的方法探讨古代法律问题。梅因的历史法学研究方法与当时存在的古典自然法学派、功利主义法学派、分析法学派的方法都有所区别。梅因对古典自然法学的评价是其过于偏见，认为该学派对自然精神的"前见"影响法律的客观性。[2]至于分析法学派，亦称纯粹法学派，梅因认为该种方法忽略了人的本性的价值，法律终究是作用于人，而分

---

〔1〕 ［德］卡尔·拉伦茨：《法学方法论》，陈爱娥译，商务印书馆 2003 年版，第 125 页。

〔2〕 古典自然法学派认为：自然法是更高级别的法，它知晓所有问题的答案，并将一面明镜置于实在法之前，它是"正确的"法，因为我们的法律意识、对法与恶法的直接而明显的感觉来自于它。［德］伯恩·魏德士：《法理学》，丁小春、吴越译，法律出版社 2003 年版，第 190 页。

析法学派所要求的纯粹、纯科学的客观的理论的分析法，不能满足人类心灵本身多元化的本性，然而不能以人的本性为起点的法学研究，必然对人难以产生作用，而且非常容易造成巨大错误。

在此基础上，梅因提出著名的历史方法论：将法作为一个历史发展的过程来考察研究，才能改变华而不实的学风，才能真正地领悟法律。要理解法律，需要考察它的历史形态、历史进程，以及那些非法律的因素。法律并不是自己产生自己、自己改变自己的，所以我们应当从法律事件入手而不是仅从法律原则入手来考察和研究法律。法学家不能以抽象的概念和原则来解释、创造或者反对现实的法律改革。

"比较法的方法"在梅因的历史方法论中是非常重要的，也是历史方法论的必要组成部分。对法律制度或者法律体系以对比的方式特别是历史的对比方式进行研究，将使我们最大可能地接近法律的真理。从地域角度，历史方法论中的比较法既包括同一国家又包括不同国家的法律对比；从时间角度，法律则具有纵向性和过程性。它不是对现行法规范的简单罗列，而是将几个国家法律的历史演进过程进行全过程的比较。在分析作为比较对象的法律所产生的社会经济背景以及演化进程的基础上，揭示出这些不同类型的法律的特征并从更深层次上认识法律。在观察研究一系列平行并存的法律现象的时候，要以这样的一种建设性眼光来考察，那就是找到它们在历史进程中的相互关系。因此，梅因的比较法的方法，不仅是横向地比较各国现行立法条文，而且是以时间脉络来说明各国法律发展的演进，揭示其相互影响的事实，以更好地把握法律演进背后所蕴含的规律和价值。

（三）实证研究方法

实证研究方法被认为是在价值中立的条件下，以对经验事实的观察为基础来建立和检验知识性命题的各种方法的总称。其中价值中立指研究者个人不以"前见"中的价值观念来主导研究，以及决定资料和结论的取舍，从而确保研究的客观性。在对待时间距离在理解中的作用问题上，历史主义提出"我们必须置身于时代的精神中，以它的概念和观念，而不是以我们自己的概念和观念来进行思考"。伽达默尔（Gadamer）更进一步提出，"事实上，重要的问题在于把时间距离看成是理解的一种积极的创造性的可能性"。经验事实指直接源于观察得出的确定事实，该事实可以被科学方法验证存在，而极少出现争议。由于法学实证研究指向的经验事实既包括法律的制定和实施有关的一切可以确定的事实，也包括法律文本中的词语、句法和逻辑结构等事实因素，因此，实证研究方法大体上包括社会实证、逻辑实证和语义分析三种基本方法。从实证方法的目的来看，其是要揭示法的实然状态，以此与价值分析方法相对应。

一、"互惠"的名称和释义

（一）"互惠"的名称

法语"La réciprocité"在汉语中含义丰富，包括互惠利益、互惠正义、互惠条约、互惠原则或称对等原则等。法国学者伊夫·拉贝（Yves Labbé）提出，在最广泛的意义上，人类社会中的任何一种关系，一种行为或者一种方式在事实上或者法律上产生了回报，即存在互惠。因此，在人类关系中，互惠体现为一种交换也是一种契约。人类的幸福也体现为给予和接受的生活模式。具体而言，无论是权利还是义务，互惠体现为一种利益或一种恩惠。互惠定义了主体之间最真实的形式：给予和回报的相互性。[1]

1. 互惠利益

互惠利益在国际法中体现为国家间基于国家主权平等原则，互相给予的优惠待遇，是一种肯定意义的互惠，各方以获得优惠和利益为基础进行合作，法语对此的完整表述为互惠合作模式（Modèle de coopération réciproque）。在英语中这个词的相关表述有互惠主义（reciprocity）、共同利益（be mutually beneficial）、

---

[1] Yves Labbé, "Apologie philosophique de la réciprocité", *Dans Nouvelle revue théologique*, 2009, pages 65 à 86.

共赢（win-win）。德国学者图恩瓦（Thurn wald）提出"互惠"是建立在给予、接受、回报这三重义务基础上的两集团之间、两个人或者个人与集团之间的相互扶助关系，其特征是不借助于现代社会中的金钱作为交换媒介。图恩瓦称这种"给予—回报"的互惠原则为人类公平感的基础，是"所有法律的社会心理基础"。[1]

2. 互惠正义

互惠正义不仅包括上述肯定意义的互惠，还包含否定意义的互惠，即相互性的惩罚，意味着一种由社会整体赋予社会个体的必须合作的压力，即如果不遵从社会的互惠规则，则社会整体将形成道德激情对不遵从的个体进行实际意义的惩罚。这种道德激情是确保社会个体保持诚信的基础。这种由道德激情施予的互惠正义在各个不同的人类社会阶段中，一般以社会习惯的方式呈现。由此，其在国际法中被视为具有国际社会共同确信的国际习惯。基欧汉（Keohane）把"互惠"解释为"大致相等价值的交易，在这一交易中，一方的行为取决于他方之前的行为，以善报善，以恶报恶"；博弈论学者罗伯特·阿克塞尔罗德（Robert Axelo）把"互惠"解释为"一报还一报"或称"针锋相对"（tit for tat）策略。[2]

此种互惠正义的习惯在人类的社会化生活中存在如此久远，甚至在人类近亲的黑猩猩和大猩猩两类族群中都形成相似习俗。经过非常精确的统计，动物学家发现，如果黑猩猩 A 与黑猩猩 B 分享自己的食物，则黑猩猩 B 在获得食物后会将所获取的同样比例的食物分享给黑猩猩 A，这是典型的肯定意义的互惠。

---

〔1〕　李鹏程主编：《当代西方文化研究新词典》，吉林人民出版社 2003 年版，第 134～135 页。

〔2〕　Axelrod Robert，*The Evolution of Cooperation*，Basic Books Press，2006，p. 49.

但更普遍的一种行为方式是，在黑猩猩 A 和黑猩猩 B 共同所在的群体中，如果其他猩猩发现黑猩猩 B 在获得食物后没有将同样比例的食物分给黑猩猩 A，则会出现群体排斥黑猩猩 B 的情况，很多时候先获取食物而不知回报的黑猩猩会被驱逐出这个群体。人类社会在漫长的社会历史进程中，演化形成了一种可操作性的行为习惯训练模式，即当别人善待我们的时候，就报答他们，当别人不知感恩不知回报所受恩惠的时候，就惩罚他们。因为，人类内在的尊严感决定我们既不接受侮辱，也非冷漠无情。[1]

3. 互惠条约

互惠条约主要表现为国际贸易中采用特许关税率，以作为从其他国家获取类似特许的协议。欧洲国家一直使用此种方式，美国的法律实践也经常采取这种方法。例如，美国的第一个互惠条约是与加拿大达成的《埃尔金-马西条约》（Treaty of Elgin Massie），于 1854 年至 1866 年施行，该条约对圣劳伦斯河（Saint Lawrence River）上的捕鱼和航行问题作了规定。1875 年，合众国与夏威夷的一项条约（1887 年修订）涉及原糖和糖浆的贸易问题。美国第一个根本性的互惠协议于 1881 年由当时的国务卿詹姆斯·吉莱斯皮尔·布莱恩（James Gillespie Blaine）提出。这一协议促成了后来的泛美运动。1890 年的《麦金利关税法》（The McKinley Tariff Act）订立一项互惠条款，根据此条款，美国同许多拉美国家和欧洲国家签订了互惠条款。1894 年的《威尔逊-戈尔曼关税法》（Wilson Gorman Tariff Act）在实质上废除了互惠条款，但 1897 年的《丁利关税法》（Dingley Tariff Act）重申了这一条款。1909 年的《佩恩-奥尔德里奇关税法》（Payne-

---

〔1〕 Louis Moreau de Bellaing, "L'éthique et la morale dans le politique", *Dans Journal des anthropologues*, 2014, pages 61 à 79.

aldridge tariff Act）废除了互惠条款，但 1911 年与加拿大签订了特别条款。1934 年的《互惠贸易协定法》（U. S. Trade Agreements Act）又使互惠政策得以恢复，并一直延续至今。[1]

在加美铁路修通之前，伊利湖与安大略湖同为一个经济区，湖岸的许多港湾可供小船停泊。水道既是加拿大与美国的天然分界，又是两岸通商的媒介。若对这些贸易实行纳税管理，政府必须为此付出高额开销。最好的办法是实行互惠政策，即在北美建立共同市场，允许两岸自由贸易。美国和加拿大的互惠条约（Reciprocal treaty between Canada and the United States）于 1854 年 6 月 5 日签订。主要条款是：允许美国渔船前往英国殖民地的沿海渔场捕捞，渔民可上岸晒网和加工所捕到的鱼。英国殖民地的渔民在北纬 36 度以北的美国沿海渔场享有类似特权。取消涉及粮食、面粉、鱼类、肉类、煤炭、木材等商品的进口关税。美国船只可使用圣劳伦斯河等水道，同时给予英国及其殖民地的船只在密歇根湖以相应的特权，条约有效期为 10 年。[2] 早期的以关税互让互惠条约模式，直接促进了相关国家的经济交往，资源互补、交易增加和利益共享，并在一定程度上增强了本区域的经济优势。

4. 互惠原则或对等原则

作为法律原则的互惠随着人类共同生活社会秩序的演进而产生，在人类生活、交易习惯和纠纷解决的沉淀中逐渐获得人类社会的普遍确信，从而形成法律上的效力。互惠原则的法语表述是 La réciprocité 或者 le Principe de réciprocité，英语表述是 reciprocity 或者 princeple of reciprocity。在中文语境下，互惠原则

---

〔1〕 《美国社会历史百科全书》编译组：《美国社会历史百科全书》，陕西人民出版社 1992 年版，第 215~216 页。

〔2〕 蓝仁哲等主编：《加拿大百科全书》，四川辞书出版社 1998 年版，第 217 页。

的内涵也非常丰富。

（1）国际法中的互惠原则。

《中华实用法学大辞典》解释汉语中的互惠原则是两个国家之间根据签订的协议互相给予对方国家公民（或国民）以优惠待遇或权利的原则，互惠内容由两国共同约定。一般有以下两种情况：一是两个国家互相给对方公民（或国民）以公民（或国民）的待遇；二是两个国家由于具体情况和权利内容不同，给予其本国公民（或国民）某种特定的权利，这种规定使得两国公民（或国民）享受的待遇或权利完全一致。[1]国际法上讲的互惠原则一般是第一种情况。

《对外交流大百科》将互惠原则解释为，国与国之间根据协议相互给予彼此国民（或公民）以某种对等的待遇或权利的原则。分为广义的互惠原则和狭义的互惠原则，广义的互惠原则是指在国际交往中相互给予对方国民对等的待遇或权利，或者互相承担的相同或类似的义务。狭义的互惠原则是指相互给予某一特定的权利，如两国相互给予对方国民以发明的专利权等。国际法上的互惠原则通常指广义的互惠。[2]

《建筑经济大辞典》也赞成国际法上的互惠原则是广义的互惠，认为互惠原则指两国根据协议相互给予彼此国民（或公民）以某种对等的待遇或权利的原则，分两种情况：一是泛指两国相互给予对方国民以国民待遇，这时两国国民在彼此国家内所享有的具体权利不一定完全相同；二是指两国相互给予某一特定权利，如两国相互给予对方国民在知识产权方面的相互承认，这时两国国民所享有的权利一般是等同的。国际法上所说的互

---

[1] 栗劲、李放主编：《中华实用法学大辞典》，吉林大学出版社 1988 年版，第 202 页。

[2] 李鑫生、蒋宝德编：《对外交流大百科》，华艺出版社 1991 年版，第 527 页。

惠是泛指的。[1]

《经济法学辞典》认为互惠原则是国际法的一项基本原则，指国家之间在某一方面互相给予平等的待遇。例如，两国在申请专利和专利权方面，互相给予对方的公民与本国公民某种同等的待遇。同时，互惠原则也是"以限制抵制限制"的原则，目的是实现国与国之间相互尊重，平等互利。如有一方违反，会导致对方采取限制性或报复性的措施。[2]

在国际法领域，汉语中的互惠原则是广义上的"互惠"，即包含肯定意义和否定意义双重含义的"互惠"或"对等"，既包括互惠利益，也包括为实现互惠正义而采取的限制或报复性措施。

（2）国际经济法中的互惠原则。

互惠原则是国际经济法的一般性原则，是平等互利原则的具体体现。[3]《世界经济学大辞典》解释互惠原则是缔结贸易条约的一项原则，缔约国双方相互给予对方国民以某种对等优惠待遇或权利。其特点在于它的对等性和双边性。但缔约国双方给予的互惠待遇，通过最惠国条款，其他国家即可同样享受。在国家间普遍缔结最惠国条款的情况下，互惠待遇在形式上是双边协定，实际上具有多边的性质。互惠协定必须规定具体内容，最惠国条款仅规定相互给予第三国同样的优惠待遇，不规定具体内容。

例如，《关税与贸易总协定》（General Agreement on Tariffs and Trade，GATT）是根据互惠待遇原则和最惠国待遇原则缔结的多边国际协定，互惠原则明确了缔约国之间的贸易是建立在

---

[1]　黄汉江主编：《建筑经济大辞典》，上海社会科学院出版社 1990 年版，第 76 页。

[2]　李放主编：《经济法学辞典》，辽宁人民出版社 1986 年版，第 180 页。

[3]　曾华群：《国际经济法导论》（第 2 版），法律出版社 2007 年版，第 194 页。

一方给予对方对等的补偿，以换取其提供相应的某项优惠待遇的互惠互利的基础之上。GATT 的互惠原则主要体现在第 28 条附加"关税谈判"第 1 款中，该款规定缔约国应在互惠互利基础上进行谈判，以大幅度降低关税和进出口其他费用的一般水平，特别是降低那些阻碍少量进口的高关税，并在谈判中适当注意本协定的目的与缔约各国需求的差异性。第 28 条"减让表的修改"也提到了互惠原则。第 33 条"本协定的加入"也涉及了互惠原则，它保证通过关税等谈判使新加入国作出一定的互惠承诺。通过互惠原则与最惠国待遇原则的结合施行，可避免缔约国间因双边互惠而产生差别待遇。[1]GATT 前几轮多边谈判确定的公约条款主要通过贸易规模来衡量互惠程序或通过主要供货国的谈判模式来实现互惠。肯尼迪回合通过采用"划一减税规则"（Uniform tax reduction rules）来要求各缔约国所有关税均按同比例削减。东京回合则通过了海关估价、补贴和反补贴、政府采购等一系列非关税壁垒的互惠减让协议。乌拉圭回合将实质性互惠纳入了议事日程。

国际经济法中的互惠原则也存在许多例外。1964 年开始，规定了发达国家对发展中国家所承诺的优惠，不能希望从发展中国家得到互惠，免除其承担给予互惠待遇的义务。国际组织对互惠待遇原则不断作出适时的修正，以促进发展中国家经济的复苏和增长。GATT 规定缔约国在某些特殊情况下可引用GATT"豁免条款"（Exemption clause）收回其已经作出的关税减让。GATT 还规定发展中国家缔约国，在遇到各缔约国谈判确定的固定税则对他们的国际收支产生不利影响时，为保护其国内工业和农业，可在进口数量限制或关税保护方面暂时免除上述

---

[1] 刘诗白、邹广严主编：《新世纪企业家百科全书》（第 6 卷），中国言实出版社 2000 年版，第 3454~3459 页。

固定税则的适用。但这种做法不得滥用，否则其他国家仍可采取相应的报复措施。此外，东京回合确立的给予发展中国家差别待遇的"授权条款"（License clause），[1]奠定了普惠制的法律基础，而普惠制也是互惠原则的例外。

（3）国际私法中的互惠原则或称对等原则。

汉语中国际私法的"互惠原则"与"对等原则"的关系有三种观点：

第一，互惠原则包含对等原则。

《马克思主义百科要览》（上卷）指出，互惠原则是处理国际民事法律关系的基本准则，是马克思主义国际私法学的一个重要组成部分，是国际法能正常调整国际民事法律关系的基础。国际私法的基本原则是随着国际关系的发展变化而发展变化的，包括五项原则，其中第二项为互惠原则，即在国际私法规范的制定和适用上都应体现彼此法律地位平等，互惠互利，反对以强凌弱，以大欺小。在订立契约时要照顾双方利益，不得利用经济技术优势诱迫对方签订不平等协议，而且应从实际情况出发，使经济势力较弱的一方确实得到实惠。在外国法的适用上，特别是在赋予外国人一般民事权利方面，都应该是互惠的。当然，互惠是相互的，在相互的基础上采取报复措施，这在国际私法上也被认为是符合国际规约的。互惠原则还包括在诉讼程序上依据对等原则给予司法协助。[2]

《北京大学法学百科全书：民事诉讼法学 刑事诉讼法学 行政诉讼法学 司法鉴定学 刑事侦查学》认为，涉外民事诉讼中的互惠原则指不同国家的法院之间，根据自己国家缔结或者参加

---

〔1〕 李琮主编：《世界经济学大辞典》，经济科学出版社 2000 年版，第 364 页。
〔2〕 廖盖隆等主编：《马克思主义百科要览》（上卷），人民日报出版社 1993 年版，第 1523～1524 页。

的国际条约，或者按照对等原则，在司法上相互协助，代为作
出诉讼上的行为。[1]包括给予一般司法协助，对外国法院裁判
的承认和执行，对外国仲裁裁决的承认和执行。但是，司法协
助既是不同国家法院之间的协助，又是一国法院的司法行为，
因此除了以自己国家缔结或者参加的国际条约的存在，或者有
互惠关系的存在为前提之外，主权国家对司法协助还设立有一
定的条件、原则和进行的程序。我国是主权独立完整的国家，
根据我国缔结和参加的国际条约，以及与一些国家和地区建立
的互惠关系，我国人民法院按照《中华人民共和国民事诉讼法》
的有关规定，在国际上开展了广泛的司法协助。

第二，互惠原则不等于对等原则。

《中国法学大辞典：诉讼法学卷》提出"互惠"具有"相
互"和"对等"的含义，互惠原则指在国际民事诉讼中，国家
间相互给予对方国家的当事人或法院（多指司法协助场合）以
诉讼上的便利。而汉语中的对等原则多适用于对等原则限制的
场合，互惠原则多指相互提供便利。[2]林倩在《再论承认与执
行外国法院判决中的互惠原则》的文章中提出了"互惠原则"
等于"对等原则"的怀疑，认为"互惠原则"应当更加侧重互
惠利益，而不包括"对等原则"中的报复性措施。

第三，互惠原则等于对等原则。

《中国法学大辞典：诉讼法学卷）认为：互惠原则或称对等
原则的主要含义是一方对另一方所采取的优惠或限制措施，另
一方可给予相对应的回报，其法律基础是国家之间主权平等的

---

[1] 北京大学法学百科全书编委会：《北京大学法学百科全书：民事诉讼法学
刑事诉讼法学 行政诉讼法学 司法鉴定学 刑事侦查学》，北京大学出版社 2001 年版，
第 429～430 页。

[2] 陈光中主编：《中华法学大辞典：诉讼法学卷》，中国检察出版社 1995 年
版，第 237 页。

关系，而实行对等原则的关键则是平衡或对称。对等原则经常适用于有关国家之间的外交特权与豁免、引渡、贸易和通信等方面的相互待遇。适用对等原则的唯一限制，是不能违反国际法的基本原则。[1]在国际民事诉讼中，国家之间相互平等地对待相对国的当事人的诉讼权利和诉讼义务。在中国涉外民事诉讼程序的特别规定中，对等原则具有对等限制的含义。具体表现在两个方面：其一，外国法院在审理涉外民事案件中，如果限制了中国公民、法人和其他组织的诉讼权利，中国法院可采取对等回报措施，同样限制对方国家公民、法人和组织在中国的诉讼权利；其二，外国法院在审理涉外民事案件中，如果任意增加中国公民、法人和其他组织的诉讼义务，中国法院也可同样采取对等措施，增加对方国家公民、法人和组织在中国的诉讼义务。中国适用对等原则的目的是保护中国公民、法人和其他组织在外国进行民事诉讼时应当获得的诉讼权利不受到限制，同时也是尊重和保护外国当事人在中国依法享有的诉讼权利。[2]

《经济法学辞典》指出：互惠原则又称"相互原则"，是涉外诉讼适用的一般原则，指一国对于他国公民、企业和组织的诉讼权利加以限制或给予方便时，他国也以相对应的规定限制或给予该国公民、企业和组织相应的诉讼权利。主权国家之间应以平等、互惠为交往原则，在司法上应当相互尊重，不应加以歧视或限制。但由于各国法律规定不一，为体现互惠，应形成对等原则。中国在涉外诉讼中，承认并适用对等原则。[3]

---

[1]　陈光中主编：《中华法学大辞典：诉讼法学卷》，中国检察出版社1995年版，第114页。

[2]　陈光中主编：《中华法学大辞典：诉讼法学卷》，中国检察出版社1995年版，第114页。

[3]　李放主编：《经济法学辞典》，辽宁人民出版社1986年版，第180页。

　　杜涛在《互惠原则与外国法院判决的承认与执行》的文章中，依据美国学者的观点肯定了"互惠原则即对等原则"的观点。徐崇利在《经济全球化与外国判决承认和执行的互惠原则》的文章中，也提出"互惠原则指各国法院在对等条件下承认与执行对方的判决"。

　　本书遵从法语"La réciprocité"的原意，即"互惠正义"意义上"以善报善，以恶报恶"的基本内涵，采取汉语互惠原则等于对等原则的观点。

　　(二)"互惠"的释义

　　互惠理论的起源，可以追溯到霍布斯（Hobbes）和卢梭（Rousseau）的社会思想。在人类学领域中，莫斯（Mauss）、马林诺夫斯基（Malinowski）、图恩瓦、列维－斯特劳斯（Lévi-Strauss）对此有深入的研究。这种互惠原则，在经济、政治、宗教等各个层面都能够见到，特别是在法律实践中被经常使用。关于外国人利益的特定法律条款，一般表述是"在互惠的条件下"才得以通过，或者表述为"通过互惠"。[1]其明显的特征是：互惠行为在某种关系之间进行，在以社会义务为基础的对等的两个主体之间进行，由此而确立了相互之间牢固的关系。这在莫斯的礼品交换理论和列维－斯特劳斯的婚姻关系缔结的配偶交换理论中都有详细论述。人类学家莫斯与马林诺夫斯基均看出了初民社会所体现出来的"互惠"关系，1923年莫斯撰写的经典著作《礼物》（The Gifts）强调互惠的交换是一种集体的社会现象。莫斯揭示了一个单一的社会系统，即礼物交换的模型，后来也被称为"互赠礼物系统"。这个系统具有三个特征：一是收到礼物必须归还；二是一切都遵从传递和依规；三是始

---

〔1〕　Yves Labbé, "Apologie philosophique de la réciprocité", *Dans Nouvelle revue théologique*, 2009, pages 65 à 86.

终建立或维持交流与联盟。这是最古老的法制状态和人类社会的理想，其决定因素是此种秩序，是对礼物的回赠，是对礼物回报的义务，是礼物的可返还性规则，是礼物在交换中的传递，交换恢复了主体之间的平等。这与坚守个人需求本位的马林诺夫斯基的观点有着明显的分歧。

德里达（Derrida）在对莫斯的批评中提出对互惠性的人际义务之间的认同，但为了礼物的存在，必须不存在互惠、回报、交换、反赠或债务。人类社会中实际存在有纯粹馈赠不求回报的慷慨，过分地强调礼物的交换和相互性，是把人类社会归结为交换性的经济的存在，而忽略了对人的价值认同差异性的尊重。结构主义人类学的创始人列维-斯特劳斯也对莫斯的互惠理论提出异议，认为仅把互惠性视为经济和象征性社会系统过于绝对。列维-斯特劳斯同样在互惠交换这一原则基础上来考察社会结构、原始分类制度与原始神话，并以此为基础研究姑舅表婚姻关系，进而在 1949 年写出了有关亲属制度问题的极为重要的著作《亲属关系的基本结构》，提出只有由自然发生的关爱或者交流所产生的身份关系，才被证明是稳定的且不可替代的，这体现着人类社会互惠的理性，或者直接表述为人类之爱的理性。列维-斯特劳斯进而阐释没有主体间的互惠，没有主体给予和接受的能力，就不会产生主体间的关系，甚至没有主体。互惠关系由此构成人类社会关系的基础。

雅克（Jacques）在《对话》一书中提出，互惠是语言交流的普遍范式。他认为只有相互的言语才具有完整语言的表象，因为相互的言语才是对话正常运作的形式条件。雅克在对人类对话的逻辑研究中提出，对话关系及其必要的互惠提供了超越社会规范和判断集体策略的能力。有效的对话使得合作伙伴承认相互的权利和对等的义务，以期达成理解，从而就事实形成一致观点。与谈判不同，对话超越了调解利益冲突并转化成为社会再生产的纽带的范畴，肯定了互惠关系的首要地位。也就是说，对话本身就是人类之间的一种实在关系，是一种既正常又愉快、既正直又良好的关系范式，对话构成规范事实，是对理性规律的发现。雅克批评了列维-斯特劳斯将人类主要关系屈服于不对称性和主观性，从神话意义上来看人类学。雅克认为交流的形式和内容都遵循着互惠关系，认为互惠既建立了人们的身份，又建立了对世界的参照，是主体对话结束时的共同参照。[1]主体间的互惠表现为一种善，而非一种道德约束。以互惠的方式共同生活、行为和交谈是快乐的、美好的和至善的。对于他人和自己来说，也是极度美好和高度可贵的。它被证明是最优的交换或者最高的价值，满足了人类对美好关系的期望。提供互惠并期待互惠是一种美德，但这需要社会整体性的选择，因为没有人可以独立实现互惠的价值，这是显而易见的事实。唯有在信仰层面，如根据基督教义，上帝邀请人类与他交流，从现在直到永远。相对于人类而言，这明显是不对称的交流方式，是一种非理性的恩赐，是仅发生在信仰层面的"沟通"。

1. 法语释义

"La réciprocité"的法语释义为：行为主体针对相对主体的行为施以同样的行为，从而产生等同的效力与后果的状态，出现亚里士多德（Aristotle）所谓的"中庸"的局面。亚里士多德的"中庸"学说认为每种德行都是两个极端之间的中道，而每个极端都是一种罪恶。这一点可以通过考察各种不同的德行得到证明，如勇敢是怯懦与鲁莽之间的中道，磊落是放浪与猥琐之间的中道，不卑不亢是虚荣与卑贱之间的中道，机智是滑稽

---

[1] Nédoncelle M, *La réciprocité des consciences. Essai sur la nature de la personne*, Paris, Montaigne, 1942, pages 101 à 112.

与粗鄙之间的中道，谦逊是羞涩与无耻之间的中道。但有些德行却不能适合这种范式，例如真理性。亚里士多德认为真理性是自夸与虚伪之间的中道，但这只能适用于有关自己个人的真理性。亚里士多德认为争议包含着并非平等而是正当的比例，它仅在某些时候才是平等。不对称意味着对互惠的否定。[1]卢帕斯科（Lupasco）的《矛盾的动态逻辑》中的第三种逻辑认为"互惠"迫使对他人采取行动的人也不得不采取同样的行动，而受苦的人也有义务采取行动。每个人的感知应等同于他的对应者，从这两种对立的感知的相对化中产生了亚里士多德的"中庸"。[2]此处的互惠并非绝对意义上的平等主体之间的平等，它强调的是行为主体各方在行为方法与尺度上的对等与均衡。

2. 伦理原则的"互惠"

肯定和否定意义并存的互惠原则在法律化之前就已经根植于各民族文化的基本确信之中。例如：

拿撒勒的耶稣在公元一世纪的《马太福音》中提出人类社会行为的"黄金律"：

"你希望别人怎么对待你，你就要怎么对待别人。"

中国儒家学说的孔子认为：

"以直报怨，以德报德。"

印度教认为：

"所有的责任和义务在于，不要做你不想别人对你做的事情。"

佛说：

---

〔1〕　Aristote，10 *clés pour repenser le management*，Par Pierre d'Elbée Éditeur Mard-aga，2021，p. 224.

〔2〕　Stephen Krasner，*International Regimes*，Ithaca：Cornell University University Press，1983，p. 56.

"不要伤害别人，伤害别人就是伤害自己。"

《古兰经》说：

"如果他们倾向和平，你也应当倾向和平。"

3. 社会规范的"互惠"

作为社会规范的互惠原则是指行为主体希望行为客体以同样的方式予以同样的回应，包括肯定性的回应，如对付出的礼物和善意的回应；否定性的报复，如对冷漠和伤害行为的报复。[1]这样的法则可以是原始且机械的，如在塔利奥尼斯法（lex talionis）中的"以眼还眼"规则（eye for an eye rule），也可以是繁复而又精密的，如当代的国际法律规约。

"以眼还眼"规则出自《希伯来圣经》（The Hebrew Bible）中的"ayin tachat ayin"，英语从其字义译成"an eye in place of an eye"。该规则在《希伯来圣经》中的描述是：一个人伤害了另一个人的眼睛，则必须为此报偿。[2]希伯来的《拖拉》律法（the laws of the Torah）对此报偿的范围与尺度进行了限定。对上述报偿"适度"（fitting）的限定成为法典的任务。互惠原则最初被清晰地列入立法可见《汉谟拉比法典》（Code of Hammurabi），该法典首先提出了比例原则，即报偿应当依据所受伤害的比例为界限。

法语、英语和意大利语法律术语中的以眼还眼规则均源于拉丁语"talio"，罗马法中称为同态复仇法（Lex talionis）。"talio"的含义包括"以眼还眼""以牙还牙"以及"善有善报"，这在法律上同时赋予了肯定和否定两方面互惠的效力。罗

---

〔1〕 Howard Becker, *Man in Reciprocity*, New York: Prager Press, 1956, p. 49.

〔2〕 Robert Keohane, "Reciprocity in International Relations", *International Organization*, Vol. 40, No. 1, 1986.

马法为互惠原则的发展所作出的重大贡献在于，其确立了以金钱赔付作为损害赔偿方式的原则。[1]

对互惠原则精细而繁复的立法可见于现代国际法律规约。贝尔斯（Buyers）认为互惠原则是国际法律体系的基础，国际法本身是建立在以国家同意为基础的双边关系上的，互惠构成双边主义的基本方面，因为双边关系不可避免地要涉及某些平等交换。互惠的一般含义涉及至少形式上平等的双边关系的观念，涉及某种交换物的因素。帕瑞斯也认为互惠原则是国际法体系的"元规则"或称"一元规则"（a meta rule）。

二、"互惠"的类型

（一）贝克：人类学上的分类

在人类学家贝克（Baker）的理论中，互惠按照所关涉的主体的数量与关系被分为：一对一互惠（One-to-one reciprocity）、一对多与多对一互惠（One‐to‐many and many‐to‐one reciprocity）和整体互惠（Generalized reciprocity），[2]内容如下：

1. 一对一互惠：直接与间接

一对一互惠可以分为直接与间接两种。直接的一对一互惠指的是主体之间直接（face to face）建立的以互惠关系为基础的某种约定或者协定。国家之间所达成的双边协定属于此种互惠，协定双方通过约定达成一致意思，将各自的义务明确化，目的是建立互利的、长期的和稳定的交往关系，这也被验证为是人类主体最安全、舒适和长久的交往关系模式。例如，法国公法

---

[1] Suzanne Werner, Douglas Lemke,"Opposites Do Not Attract：The Impact of Domestic Institutions, Power, Prior Commitments on Alignment Choices", *International Studies Quarterly*, Vol. 41, 1997.

[2] ［美］加里·S. 贝克尔：《人类行为的经济分析》，王业宇、陈琪译，上海三联书店、上海人民出版社1995年版，第213页。

性"外交条约"中的一对一的互惠原则的实例,意大利夺取土耳其的北非属地——的黎波里塔尼亚(Tripoli)和昔兰尼加(Cyrenaica)的战争。1900年12月,意大利与法国通过文件交换,划分了两国在北非的势力范围。双方还同意,如果由于法国的行动引起摩洛哥政治状况和领土状况的改变,意大利将根据互惠原则,有权扩大其对的黎波里塔尼亚和昔兰尼加的影响。

间接的一对一互惠是指一个特定社会共同体存在共同的利益链,假定其成员包括A、B、C等,A如果将利益给予B,则也需要将利益给予C,A的行为最终是期望基于利益链的实际存在而获得B、C给予的等量回报。这是人类学中著名的"特罗布里恩群岛的库拉交换理论"(the Kula exchange in the Trobriand Islands)或称"库拉圈"(Kula ring)。库拉圈由新几内亚玛斯曼(Massim)群岛18个岛屿和特布兰(Trobriand)岛屿上的数千居民组成,但参与交换者均为男性成员。他们定期举行交换非生活必需品的仪式,物品通常是当地的贵重物品(如贝壳项链等)。每一位参与者都带上一份礼物,自主选择送给没有接受过礼物的另一位参与者,如此循环往复,结果是每一位参与者都能收到一份礼物。这种仪式的效果是在参与交换者中产生了一个理想而持久的社会群体交往模式。库拉圈的建立基础是诚信,是每位参与者都自愿只接受一份礼物。[1]国际法体系中库拉圈互惠模型最典型的体现即最惠国待遇原则。最惠国待遇原则是在特定的国际法律共同体中,假定成员为A、B、C等,A成员方需要把已经给予B成员方或准备给予B成员方的优惠,同样地给予C成员方。在共同遵守游戏规则的前提下,A给予B、C的优惠,最终将返回到A,这种平等而和谐的状态体现了国际

---

〔1〕 Donald Compell, Common Fate, "Similarity, and Other Indices of the Status of Aggregate of Person as a Social Entities", *Behaviour Science*, Vol. 3, 1958.

社会交往中的互惠原则。

最惠国待遇原则起源于双边协定，最初是国际经济贸易中的协定，双方规定一方保证把它给予任何第三方的贸易优惠（如低关税或者其他特权），也同时给予协定方。这种形式的最惠国待遇条约中出现过"片面最惠国待遇"，指缔约双方不是相互承担义务，只是其中一方单方面享受最惠国待遇。中国近代被迫与西方国家签订的不平等条约给予这些国家片面最惠国待遇的特权，并且由片面最惠国待遇扩大为利益均沾，即某一国家向中国索取到一种特权，其他国家亦可援例同等享有，优惠范围涉及经济、政治等各方面。

"最惠国待遇原则"是世界贸易组织（World Trade Organization，WTO）的基本原则之一。GATT第一次把原来在双边协定中的最惠国待遇条款纳入多边贸易体制，作为其重要的基本原则。但在GATT中，最惠国待遇原则只适用于货物贸易，而在WTO中，它延伸至服务贸易领域和知识产权领域。在WTO中，最惠国待遇原则是指一成员方应立即和无条件地将其在货物贸易、服务贸易和知识产权保护领域给予第三方的优惠待遇也给予其他成员方。最惠国待遇原则具有自动性。自动性是其内在机制，体现在"立即和无条件"上。当一成员方给予第三方的优惠大于其他成员方已享有的优惠时，这种机制就启动了，其他成员方也就自动地享有了这种优惠。WTO中的最惠国待遇原则具有互惠性，任何成员方既是给惠方，又是受惠方；既享有最惠国待遇的权利，也承担给予对方最惠国待遇的义务。

2. 一对多或多对一的互惠

这种互惠是位于一对一的间接互惠和整体互惠之间的互惠。一对多或多对一的互惠形式可用以下两个实例描述：一是婚礼中新娘抛出手中的花束，西方习俗认为不特定的接到花束的女孩可能成为下一个新娘；二是俱乐部组织，一个特定主题俱乐部的组织者，设定了俱乐部的会员资格、活动地点、活动形式和活动规则，参加者在接受上述规定的情况下，成为俱乐部的成员。在国际关系中，超级大国基于本国利益的最大化，逐渐发展形成某种联合体。与现代国际法的基础思想所不同的是，这种一对多的互惠模式没有建立在所有成员平等决策的基础上，游戏规则的制定者只有特定主体。

华沙条约组织（俄语为 Организация Варшавского Договора）是为对抗北大西洋公约组织而成立的政治军事同盟，史称冷战时期的"苏联阵营"。[1]1955 年德意志联邦共和国（史称"西德"）加入北大西洋公约组织后，欧洲社会主义阵营国家（包括德意志民主共和国，史称"东德"）签署了《华沙公约》，全称《阿尔巴尼亚人民共和国、保加利亚人民共和国、匈牙利人民共和国、德意志民主共和国、波兰人民共和国、罗马尼亚人民共和国、苏维埃社会主义共和国联盟、捷克斯洛伐克共和国友好合作互助条约》。该条约由原苏联领导人赫鲁晓夫起草，1955 年 5 月 14 日于波兰首都华沙签署，东欧社会主义国家除南斯拉夫以外，全部加入了华约条约组织。该条约规定："如果在欧洲发生了任何国家或国家集团对一个或几个缔约国的武装进攻，每一缔约国应个别地或通过其他缔约国的协议，以一切它认为必要的方式，包括使用武装部队，立即对遭受这种进攻的某一国家或几个国家给予援助。"

3. 整体互惠

整体互惠的主要思想是在一个社会共同体之中，规则制定者与规则所实行的利益分配是分离的，即规则制定者必须在不

---

〔1〕 ［俄］克鲁泡特金：《互助论：进化的一个要素》，李平沤译，商务印书馆1963 年版，第 172~175 页。

关涉自己利益的基础上制定规则。制定者在考虑社会共同体利益最大化的基础上安排利益分配的事宜。整体互惠与下述基欧汉所描述的扩散互惠具有相似意义。

（二）基欧汉：政治学上的分类

基欧汉把国际关系中的互惠区分为特定互惠（speicific reciprocity）和扩散互惠（diffuse reciprocity）。特定互惠指双方交换等价，而且交易的顺序有严格规定。扩散互惠指参与交易的一群人，经常在非特定场合发生一种行为，在非确定时间由另一个非从他的特定交易中获益的人给予回报。扩散互惠在国际法中的意义在于，它把互惠价值的实现建立在了群体成员之间更为广泛的义务感的基础上。[1]基欧汉分析认为这是国际行为背后存在"无知之幕"（veil of ignorance）[2]的原因，虽然没有关于未来的确信，但国际合作的关系能够为社会共同体提供最大可能的好处，增进群体共同利益。

扩散互惠的模式可见于《民商事管辖权和外国法院判决的承认与执行公约》（Convention on Jurisdiction in Civil and Commercial Matters and the Recognition and Enforcement of Judgments of Foreign Courts）之中。1992 年经美国提议，海牙国际私法会议

---

〔1〕 Robert Keohane，"Reciprocity in International Relations"，*International Organization*，Vol. 40，No. 1，1986.

〔2〕 无知之幕是指在人们商量给予一个社会或一个组织里的不同角色的成员正当对待时，最理想的方式是把大家聚集到一个幕布下，约定好每一个人都不知道自己走出这个幕布后将在社会或组织里担任什么样的角色。然后讨论针对某一个角色大家应该如何对待他，无论是市长还是清洁工。这样的好处是大家不会因为自己的既得利益而给出不公正的意见，因为每个人都不知道自己将来的位置，因此这一过程下的决策一般能保证将来最弱势的角色得到最好的保护，当然，也不会得到过多的利益，因为在定规则的时候幕布下的人们无法为自己考虑那些利益。［美］罗伯特·O. 基欧汉编：《新现实主义及其批判》，郭树勇译，北京大学出版社 2002 年版，第 211~215 页。

决定将管辖权公约的起草列入工作议程，经五次特别会议讨论，在 1999 年形成了《民商事管辖权和外国法院判决的承认与执行公约（草案）》，但这一草案并未得到大多数国家的认同。在此情况下，海牙国际私法会议不得不推迟管辖权公约的制定计划，并缩小公约的适用范围，经成员国同意，决定制定一个仅适用于规范民商事交往中排他性选择法院协议的公约。2005 年 6 月30 日，海牙国际私法会议第 20 届外交大会上，各国代表以协商一致为原则，采取逐条通过的方式，终于通过了《选择法院协议公约》的全部条文。这意味着海牙国际私法会议十多年来旨在统一国际民商事案件管辖权和外国法院判决承认与执行的努力达成了实质性成果。

《选择法院协议公约》第 22 条　关于非排他性选择法院协议的互惠声明：

1. 缔约国可以声明其法院将承认和执行双方或多方当事人符合第 3 条第 c 款的要求订立的选择法院协议中指定的其他缔约国法院作出的判决，以及因裁决与特殊法律关系有关的争议已经产生或可能产生的争议，而指定一个或多个缔约国的一个法院或多个法院（非排他性选择法院协议）作出的判决。

2. 依据本公约，已作出声明的缔约国作出判决的承认或执行寻求另一作出类似声明的缔约国承认或执行，则该判决应该被承认和执行，如果：

①非排他性选择法院协议中指定的是原审法院；

②在诉讼程序符合非排他性选择法院协议之前，既不存在任何其他法院作出的判决，也不存在相同当事人间因相同的诉因在任何其他法院的诉讼未决；并且

③原审法院是最初受理的法院。

该公约将"互惠"写入条约，成功地使互惠原则成为国际法上的义务。并通过互惠承诺的方式扩大了适用范围，肯定了互惠原则作为外国法院判决与执行领域中的一种基础机制的地位。[1]但在政治事务纷繁复杂的国际社会，很多时候虽然以互惠原则为基础，也存在扩散互惠的价值，却并不一定能够通过合作形成国际条约。例如，经过两年的激烈争论，联合国于1996年9月10日正式通过了《全面禁止核试验条约》（Comprehensive Nuclear Test Ban Treaty），这是一项旨在禁止所有缔约国在任何地方进行任何核爆炸，以求有效促进全面防止核武器扩散、促进核裁军进程、增进国际和平与安全的国际条约。《全面禁止核试验条约》包括序言、正文17条、两个附件及议定书。该条约规定，缔约国将作出有步骤、渐进的持续努力，在全球范围内裁减核武器，以求实现消除核武器、在严格和有效的国际监督下全面彻底裁军的最终目标。所有缔约国应承诺不进行任何核武器试验爆炸或任何其他核爆炸，并承诺不导致、鼓励或以任何方式参与任何核武器试验爆炸或任何其他核爆炸。禁止任何国家从事核武器试验。禁止任何核武器对整个国际社会的各个国家而言是更具有安全意义的，这无疑是国际社会整体的共同利益所在。但实际上，直到2013年1月1日，未签署该条约的主要国家仍有印度、巴基斯坦、朝鲜。签署但未正式批准的主要国家有美国、中国、埃及、伊朗和以色列。目前有176个国家签署了这一公约，156个国家予以正式批准。中国一贯认为，巩固禁核试共识、促进条约生效是各方对未来承担的共同责任。中国是最早签署该条约的国家之一，一贯坚定支持

---

〔1〕〔美〕赫伯特·金迪斯等：《人类的趋社会性及其研究：一个超越经济学的经济分析》，浙江大学跨学科社会科学研究中心译，上海人民出版社2006年版，第98页。

条约宗旨和目标，始终恪守暂停核试验的承诺。中国政府正在继续推进中国的批约进程。中方将继续与各方一道，为促进条约生效和推动条约履约筹备作出贡献。

（三）帕瑞斯：人类学上的分类

帕瑞斯从人类学角度将互惠分为结构性互惠、诱导性互惠和随机性互惠三种主要形式，如下：

1. 结构性互惠

结构性互惠源于纯共同利益的情形，是一种典型的正和博弈，博弈各方不存在利益冲突，只有一种优势策略会导致有效结果，这种最优结果是通过各方社会秩序稳定的状态来实现的，又被称为纯共同利益博弈或者纯合作博弈。在这种情况下，各方的激励机制与偏好都是相同的，各方明示或者默示的约定会自觉执行，不会出现任何一方需要以单方面背叛来谋取额外利益的情况。因而不需要外部强制执行机制来保证互惠的贯彻。人们日常生活中相安无事的稳定的生活状态就是这种结构性互惠的表现。卡贝塔（Cabetta）提出"在中世纪，出现了一种发展趋势，即由罗马和其城邦与其他半岛间，在互惠原则基础上达成了一些协议。这被视为国际条约在西方的起源"。[1]国际私法的属人法时代，依各不同人种而适用各自习惯法。这是基于一种普遍承认之上所达成的共同协定，属于结构性互惠模式。它基于日常生活行为习惯而形成，正如邻居之间长期形成的相安无事的生活状态，无需外力的强制执行，这种稳定的内因是源于当时各人种之间生活关系利益的相对平衡。但是，当这种完全的利益平衡局面消失，将产生机会主义行为的激励。

---

[1] William Hamilton, "The Genetical Evolution of Social Behavior I and II", *Journal of Theoretical Biology*, Vol. 7, 1964.

2. 诱导性互惠

诱导性互惠被称为互惠的黄金定律（golden rule），这是一种使自己的策略能够成功地约束相对方的策略。这种互惠机制通过单方的限定可以对相对方产生相应的约束，成功地使相对方顺从自己的意愿。这样，一方选择合作，另一方也将合作，是去除了背叛动机的互惠机制，或者背叛本身就是其防御机制，可称以牙还牙、针锋相对策略。这种策略在实施效果上仍然可以促成全面合作。[1]帕瑞斯以《维也纳条约法公约》第21条进行举例说明，提出由于诱导性互惠的局限，没有国际社会的主体可以从"单方面背叛"中获得利益，以此维持国际社会各主体权利和义务的均衡局面。对条约条款的保留将导致相应的互惠限制，即保留事项所涉及的国际义务也不会对其他成员产生约束力，这是一种反向的"针锋相对"。

在国际私法中，诱导性互惠体现为以单边立法的方式敦促对方合作。例如，英国《1933年外国判决互惠执行法令》（Foreign Judgments Reciprocal Enforcement Act 1933），采用与欧洲特许程序相同的执行程序。根据该法第9条第1款，如果女王陛下认为，某一国家的法院在承认与执行方面对联合王国高等法院所作的判决的待遇比联合王国对该法院所作的判决的待遇要低，则女王陛下要求联合王国的任何法院都不得执行该国法院所作的判决。

互惠原则也是法国对境外的本国人给予保护的基本原则，法国《民法典》也采取单边立法的诱导性互惠方法：

法国《民法典》第11条　外国人，如其本国和法国订有条

---

[1] Tone Ashworth, Trench Warfare, *1914—1918*: *The Live and Let Live System*, New York: Holines & Meier Press, 1980, p. 162.

约允许法国人在其国内享有某些民事权利者，在法国亦得享有同样的民事权利。

这体现以单边法律规定来促使相对国家给予法国同等利益的合作方法，如果相对国家不给予在其境内的法国人以相应的民事权利和地位，则在法国境内的相对国家的国民也无法具有这些民事权利和地位。

3. 随机性互惠

随机性互惠存在于多个博弈者的多个不同利益之争的类型中。博弈者必须反复交易，目的是使得预期价值获得最高。这种互惠的合作目的不是期望某种特定的回报，而是期待在未来获得某种普遍的回报。此种随机性互惠与上述整体互惠和扩散互惠具有相同意义。互惠原则源自人类生活实践的久远积淀，而国际社会之立法仍是平等主权国家博弈之体现，习惯在人类社会的长期实践中形成人类社会法律上的确信，互惠原则也逐渐获得国际法上的效力。博弈论模型有助于对社会互动类型进行理论分析，对习惯国际法的形成规则如中世纪的商人法和私法关系的演变深入探讨。

随机性互惠的模式可以在人类社会习惯法形成的过程中得到验证。中世纪地中海沿岸商人法萌芽时期，商人们在游历的过程中发现了同类商品在不同地区价格的差异，于是在低价地区买进运送到高价地区售卖，以此获取高额利益。为了确保交易的安全和稳定，在商人们进行经济活动的区域逐渐形成了交易的惯例做法，即商人"习惯法"，主要适用于商人们订立的商事合同。因为商人们在买入和卖出时的角色是频繁转化的，因此所形成的惯例做法必须是既有利于卖方也有利于买方的随机性互惠，经济学家富勒（Fuller）指出正是这种随机的、频繁的角色的转换，促进了各方主体对"惯例"的遵守，交易过程中各方的权利和义务在各主体身份的转换过程中形成了实质的对等。

（四）桑塔菲：社会学上的分类

美国跨学科研究机构桑塔菲在社会制度研究的课题上提出了强互惠（strong reciprocity）理论，以此区分主要由罗伯特·阿克塞尔罗德为代表的弱互惠（weak reciprocity）理论。[1]

1. 弱互惠

罗伯特·阿克塞尔罗德是首位从国际关系角度思考非强制力下的互惠合作理论的学者。国际组织并未创设高于国家主权的权力，这是现代国际法的基本确信。如何在这种权力结构下建立稳定互利的国家间合作关系，成为国际性法律的关键问题。罗伯特·阿克塞尔罗德由此提出"一报还一报"（tit-for-tat）的针锋相对策略。首先，各个主权国家需要建立合作主要基于两种考虑：一种是对未知的、持续的威胁的恐惧，如国际恐怖主义活动和经济危机；另一种是基于国际社会共同体的长久利益之上的国家利益。依据互惠策略建立的国际合作关系表现出以下优点：一是善良，指不先行背叛；二是报偿，指对方背叛就给予惩罚，目的是禁止他者背叛和防止对方持续背叛；三是宽容，指背叛者一旦重新开始合作，则立刻恢复合作；四是透明，各方行为方式是可识别的，即无论合作还是背叛都是可见的。"一报还一报"策略的核心就是互惠原则，各国如果依据互惠原则进行国际合作，能够形成保障国际社会长久稳定发展的基础。这是一种理想的人类社会模式的互惠原则理论，在实践中却难以达成初衷。如何确保国家主体在国家利益冲突中不"先行背叛"？如何识别"背叛"行为？或者确保"背叛"者主

---

〔1〕〔美〕赫伯特·金迪斯等：《走向统一的社会科学：来自桑塔费学派的看法》，浙江大学跨学科社会科学研究中心译，上海人民出版社2005年版，第165～172页。

动承认其背叛？在国际法领域，各国不断磋商、促成协议、议定争端解决机制和制定国际社会制裁策略都是努力践行此种理想的人类社会的互惠模式。

2. 强互惠

为完善国际法中的互惠原则，桑塔菲机构的学者提出了强互惠的观点。与弱互惠不同的是，强互惠否定了报复主体的相对原则，确立了只要共同体中任何成员被发现有背叛行为，则其他任何成员都可以报复背叛者的规则。这种规则强调了个体隐藏的背叛行为对于整个共同体的根本损害。以库拉圈模式为例，如果某一个参加者无限制地接受别人的礼物，结果是他多收的任何一份礼物都造成不特定的某位参与者没有礼物，这意味着，哪怕只存在一个不守规则的背叛者，都可以造成无法确定数量的参与交易者愿望落空。于是，整个库拉圈的交换都将岌岌可危。强互惠比弱互惠的策略被认为更能维护群体合作的互惠正义。在现有国际规则中，强互惠的策略可以通过国际组织对其成员国的控制机制得到体现。即某一成员违反国际规约的事实一旦得到确认，国际组织将通过大会公报或者冲突调节机制迫使违规成员立即停止与赔偿损害，并且予以纠正，这是由所有成员共同施加的压力。否则，违规成员将受到相应制裁或者要求退出该国际组织。

例如，《国际劳工组织章程》第 26 条至第 34 条规定的"控诉"程序。这些规定使得一个不履行已承认公约义务的成员，可以被另一个公约签署成员或者执行理事会的代表提起控诉。在接受一个控诉时，执行理事会可以任命一个调查委员会，由 3 名独立成员担任。该调查委员会的任务是对提起的控诉进行深入调查，确定事实并就解决问题的措施提出建议。调查委员会是最高级别的调查，这是当一个成员被指控有严重和屡次违反，并一再拒绝提供解决方案的情况下所采取的行动。当一个成员拒绝执行调查委员会的建议，执行理事会将依据《国际劳工组织章程》第 33 条采取措施。该条规定："如果有某成员没有严格地在规定期间，遵守调查委员会作出的意见，或者国际法院的裁决，执行理事会可以建议大会采取其认为适当的执行这些建议的措施。"例如，波兰在 1957 年批准了第 87 号公约《结社自由和组织权利保护公约》，1949 年批准了第 98 号公约《组织权利和集体谈判权利原则的实施公约》。1981 年，波兰颁布了一项戒严法，随后政府停止了团结工会的活动，并且逮捕或者遣送了很多工会的领导人和成员。自由工会委员会对此进行调查后，国际劳工大会在 1982 年依据《国际劳工组织章程》第 26 条对波兰政府提起了一项控诉。被委任的调查委员会发现了波兰政府严重违反两项公约的行为。在该调查委员会所作出的总结中，国际劳工组织的众多成员给波兰施加压力，迫使波兰政府找到解决办法。1989 年，波兰政府迫于压力给予了团结工会合法地位。莱赫·瓦文萨（Lech Walesa）是当时团结工会的负责人，后来成了波兰总统，他在评价该案例时认为"国际劳工大会的介入和调查委员会的工作对波兰所施加的压力，为波兰的民主作出了重大贡献"。[1]

三、法国国际私法中互惠原则的性质

巴迪福和保罗·拉加德在论述互惠原则在法国国际私法中的意义时认为：起初互惠原则或许仅是法国国际私法学说中的原则，可随着国际条约对互惠原则的规制，以及法国国内法承担遵从条约的宪法上的义务，（在法国）互惠原则已经成为实证

---

〔1〕　Alvin Gouldner, "The Norm of Reciprocity", *American Sociological Review*, Vol. 25, 1960.

法意义上的根本法律原则。这意味着，其地位可以在法国国际私法渊源中得到验证，特别是相关国际条约和国内法律的立法证明。[1]

（一）法律原则中心说

1. 以法律原则为中心的法律体系论

对第二次世界大战（特别是对纳粹法律）的反思引发了法律客观性的怀疑，这种怀疑几近否定了法学作为科学的性质。科学研究的结论以能够获得重复验证为基础，即具有可证成或可证伪的客观性。纳粹时代的德国在法条鲜有更动的情况下，法律实践竟然能将种族灭绝政策合法化。于是，反思那些未更动的法律规范的客观性，反思其背后的法价值与权力的关系成为西方法学研究的焦点。

公元 19 世纪初，萨维尼提出法哲学的法律体系论的观点，认为在特定法律规范体系中隐含使之统一的法价值，由此区分外部法律规范和隐含的法价值。之后，利益法学的"法律判断与法律规范中存在价值判断"的观点获得普遍承认。随后，又导致了"法学思考的确信的丧失"，即法学是否有资格被称为"科学"。评价法学的代表人物卡尔·拉伦茨论证了"法学何以有资格成为一种科学"。对法学客观性持怀疑者指出"即使正确的逻辑推论也不能保证结论在内容上的正当性"，因为法官在选择法律适用之时已经包含价值判断，价值判断的主观性无法在法律实践中去除。于是，寻找使价值判断客观化的方法成为法学方法的疑题。卡尔·拉伦茨《法学方法论》的主旨即论证使价值判断客观化的方法。凡隐含于法秩序之中者，将借法的认识而被明白提取出来。只要该法秩序的基本思想及主要价值决

〔1〕 Paul Lagarde, *Matière préliminaire: La réciprocité en droit international privé*, Martinus Nijhoflf Publishers, 1977, p. 173.

定彼此协调一致（也是法思想所要求的），法学就应该将此等一致性显示出来，并由此得出应有的结论。在此意义上，必须系统性地从事法学研究。

卡尔·拉伦茨关于法哲学的法律体系论的观点认为，一个相对独立的法律体系由四个要素构成：法价值、法律原则、法律概念和外部法律规范。由此，构建独立的法律体系的任务首先是搭建该法律体系的法律概念，并且划定概念的位阶。其次，由此概念体系组建形成法律规范体系，称为"外部法律规范体系"。随后是法价值的发现与确立，一个独立的法律体系必须具有核心价值，或称"法理念"，即萨维尼所称的"隐含的法价值"，法价值的存在是外部法律规范体系统一的前提。最后以立法确立该部门法的法伦理原则，即能体现该部门法"法理念"或"隐含的法价值"的公理性的原则，以此实证法原则转化"隐含的法价值"，以此原则统一外部法律规范，使外部法律规范指向共同的方向，更重要的是以此原则评价法律实践，确保法律实践不脱离"法理念"的正义要求。卡尔·拉伦茨此处所指的"法律原则"后出现多种称谓，如一般法律原则、正义原则、法伦理原则和统领原则。[1]

2. "一般法律原则"理论

克劳斯威廉·卡纳里斯（Canaris Claus Wilhelm）认为，由法律原则构成的体系与由（法律）概念构成的体系之不同之处在于：首先，原则并非一律适用而绝无例外，而且其彼此间可能产生逻辑上的矛盾。其次，对于原则的立法不适合一般的假设限定模式，如"当……，只有当……则……"的形式来描绘。最后，法律原则的效力源于事物的本质之中，一般法律原则的

----

〔1〕〔德〕卡尔·拉伦茨：《法学方法论》，陈爱娥译，商务印书馆 2003 年版，第 138 页。

效力依据不仅存在于被制定出来的（法律）秩序，也存在于"法理念"之中，后者在历史上的具体形象由法律原则体现出来。

埃塞尔（Ethel）论证了"构筑法系的真正要素乃是法律原则而非抽象概念"的观点，指出具有历史性的法律正是如此发展出来：所有法律文化中一再重复，发现问题，形成原则及巩固三者间的循环。所以，原则能对一般性问题进行解答的，谓一般法律原则。埃塞尔还比较了大陆法系与英美法系在一般法律原则的形成与表象上的差异。大陆法系推崇"法典化"，法典化的方法属于相对封闭的法律文化体系；英美法系实行普通法，属于相对发展开放的体系。在普通法系中，如果长期欠缺法律概念、法价值的推定脉络（context），个案法则无法维持。唯以原则构筑脉络，才能对个案决定作合理的事后审查，并将所有决定组成一个"体系"。法典化与普通法在当代与法律原则的不同表现在于，法典化的模式正在松懈原有体系，转向新的（法律）"问题"的思考，以解释既有"原则"；而判例法的模式正在形成并巩固原则。在"原则"的实质意义上，两种模式在实践中出现相互接近的情况。

3. "正义原则"理论

英格·米藤茨魏（Inge Mittenzweig）认为，法律规范始终在寻找特定目的，且不仅仅是各个立法者所订立之目的，其亦追求"法秩序的客观目的"，后者基于法秩序内在的合正义性要求。此种"正义"应当能够于实证法中寻找，并且包含在实证法的整体之中。以其"主导性原则"，贯通其整体的脉络，确定在考虑当下的一切事情后，可认为其符合其正当秩序的理念者。赫尔穆特·科因（Helmut Coyne）论述了"开放的体系化和原则及其关系"。显现在法律原则中的是超越时代的价值内容，"自然法"表现为这些正义定理的总和。法官在选取法律以及恰当适用法律的过程中包含价值判断，而法律原则可以用来评价法官适用法律的正当性。他认为特别是在"漏洞"领域，需要制定"漏洞填补的程序"，首先应该确定关涉利益，进而比选可适用的方法，再则援引公理性的正义原则进行评判。在"非漏洞领域"，正义原则对单纯的法律适用也很重要，在解决个案时，需要将隐含在法律中的正义思想、目的综合考量并付诸实现，并据之裁判。

4. "法伦理原则"理论

德林斯基（Delinski）认为，有主导性的法伦理原则是法秩序的构成部分。原则的效力并非来源于立法者，它们本质上是法的前提条件。它们与传统的自然法的区别在于：法伦理原则非不可变更者。它们不依附立法者的意志，而是由社会本身发展出来，并且在一定意义上自主地演变着。原则越根本其表现越模糊，然而其仍可提供内容上的陈述，以此对立法行为和法律适用产生规范效果。德林斯基提出："假使不能清楚地由实定法律规范得到应予适用的评价标准，应由何处获得这些标准？"经论证得出应由处于法理念（最高法价值）与实证法规范之间的法律原则为标准。卡尔·拉伦茨也认同了法律原则在此处的决定性意义。德林斯基还提出了审定该法伦理原则的方法：首先是"向上"审查，证明该原则是已经获得特定社会共同体确信的"法理念"。其次是"向下"检视，在特定法律体系中，该原则是否为实证的具体规定之指导思想。拉夫·德赖尔（Ralph Dreyer）也认为"法伦理原则"是现行法必要的组成部分，因为彻底抵触原则的、严重不正义的规范，根本不能助长其法律效力，如纳粹时期的法律。原则乃法律秩序所固有，其效力依据及其结构必然突破实证主义的法概念，因为它们"尽力实现使某一伦理理想变为法义务"。

5. "统领原则"理论

恩吉斯（Engis）对法律体系化思想进行了批判，认为法学不能像数学或者其他科学一样，在一个特定法律体系中形成一系列具有严格的"公理式"的原则群。以数学为例，其公式之间的关系是明晰的，并且可以重复推导证明。而依据法学的性质，特别是在法学方法的价值评价中无法去除的主观性质，如果不设定特定体系内的原则的位阶，则将导致法律适用过程中无休止的争论，即在冲突的情况下，何者为决定意义的原则。所以，应由立法确定特定体系内原则之间的关系，而此体系得确认"统领原则"的最终效力。

法律体系化论中的法律原则必须是最终的，这要求在特定法律体系中该原则不能由其他公理推导而出。并且在此特定法律体系中该原则能够演绎出其他法律原则，但此决定意义的原则不能被其他原则影响而落空或者受到限制，因此不可在实证法意义上进行单纯的推论，而应决定何项原则优先于其他原则。实证法秩序内在的一致性体现为，其一方面是法学体系化工作的成果，另一方面则是一种先决规定。借此，作为人类精神活动产物的法秩序内的一些规范性及目的性的关系不至于混淆不清。

（二）"互惠原则"作为根本法律原则的验证

整合上述学说所提出的判定标准，即判断特定法律体系中的根本法律原则，或称统领原则的方法如下：一是"向上"审查，证明该原则是已经获得社会共同体确信的特定部门法的终极法价值。二是"向下"检视，即在特定法律体系中，该原则是否为实证的具体规定之指导思想。再则，证明不能由体系内部的其他原则推导得出。

1. "向上" 审查

国际私法的正义标准或者国际私法以何目的而存在，法国国际私法的互惠原则如何体现国际私法的正义标准，是"向上"审查需要回答的问题。

（1）国际私法的正义标准。

法律以实现"正义"而存在。国际私法的目的在于实现"冲突正义"与"实质正义"，又因其公法与私法性质的并存须分别解构。国际私法的公法性质由其"涉外性"或称"国际性"决定，因其关涉国家主权。国际私法的私法性质决定于它调整的仍是私法性质的法律关系。

第一，冲突正义：公平解决法律冲突背后之主权冲突。冲突法的作用在于解决法律冲突以实现"冲突正义"。冲突正义的实现途径为以适当的法律选择方法，来选择适当的准据法。冲突法指向司法管辖权的"空间"，有学者称其以实现"空间正义"为目标。但"空间正义"概念没有触及冲突的核心。因为，法律冲突的根本原因是两个或两个以上不同司法体系中的法律，对一个相同的法律关系具有管辖权而产生的冲突。冲突法上的法律冲突是由不同的主权冲突而引起的，是不同司法体系在同一案件中相遇而产生的冲突。现代国际私法法律冲突的解决以基于主权平等原则为特征，主权平等可释义为互相没有控制的自治，是一种权力结构的对等与均衡的状态。

第二，实质正义：不同国家私法上的人的自由与平等。一是私法上的"自由"，即私法的出发点为"自由"。与公法相比较，私法常以个人意思自治为特征，公法则以有法律依据的强制或控制为内容。基于对个人自由权利的保障，应遵循"有疑义时为自由"（in dubio pro liberate）的原则，个人应当是处理自己事务的最佳判断者及考虑者，选择的自由对于个人发展直至社会发展都有所助益。公权力机关应当保障私法制度的运行环境，同时也要防止契约自由的滥用。因此，各国宪法一般规定公权力机关为了所谓"更高价值"或"公益"强行干涉私人权利时，应当具备宪法所限定的"正当"理由。[1]推翻"旧政权"后，法国民法重构其法律秩序，其理想为贯彻"自由、平等、博爱"。德国《基本法》第2条第1款规定了人的"自由发展人格的权利"，法律由此赋予每个人行为自由的权利。在私人生活的领域，自由的边界可见于公共秩序或善良风俗。二是国际私法中的"平等"，主要指私法意义上的"平等"。国际私法的调整对象是涉外民事关系，涉外民事关系的法律主体主要是不同国家私法上的人。不同国家的人在其出生之前就已经被其本国法律预设了身份。基于各国法律之不同，不同国家的"人"与"人"也自始成为不同的"法律人"（persona）。[2]在国际私法上，一个"法律人"可能具有多重国籍，也可能没有国籍，国际私法在此种情况下就要调整国籍的积极冲突与消极冲突，使得当事人同时处于受一个法律体系保护的地位，这样既解决了冲突，也确保了当事人法律地位的平等。三是国际私法中私法性的"自由"与"平等"关系。作为私法上人的基本自由的具

---

〔1〕 Joseph Nye, "Ethics and Foreign Policy", *The Aspen Institute Quarterly*, Vol. 3, 1991.

〔2〕 人物（persona）是拉丁文，原意是古代演员在戏中经常戴的面具。面具可以遮蔽演员的天然面貌，又不会阻隔演员声音的穿透。在透声面具的理解中"persona"一词形成一种隐喻，从剧场语言被带入到法律术语之中。罗马法中"私人个体"与"罗马公民"之间的区别在于，只有罗马公民才拥有一个"persona"，也即其民法中所称的法律人格。法律将自然人（homo）自身所期待的在公共场合中的表演角色相整合，但仍然使其透过面具发出自己的声音。也可以说，出入法庭的角色仅仅是法律人，而不是自然人。呈现在法庭面前的，是一个由法律所创设的，能够承担权利和义务的法律人格的代表。[美] 汉娜·阿伦特:《论革命》，陈周旺译，译林出版社2007年版，第34页。

体含义是：平等主体之间不存在控制关系的共同生活。表达"不被控制"的词是"isonomy"，其最初的含义是"法律的平等，法律面前人人平等"。从发生学角度而言，政治意义上的"自由"与"法律面前人人平等"同义。国际私法因其调整对象和法律关系的特殊性，而肩负实现不同国家私法上的人的自由与平等的任务。

（2）体现国际私法正义标准的互惠原则。

第一，互惠原则与冲突正义。国家主权层面的互惠原则是冲突正义实现的基础。冲突正义的实现在于公平解决法律冲突背后的主权冲突，其前提是各国家的主权平等，主权平等意味着互相没有控制的自治，是一种权力结构的对等与均衡的状态，这种状态就是互惠实现的和谐状态。国家主权层面的互惠原则，在法国国际私法中已经包含的范围非常宽阔，如国家主权平等、内外国家法律的平等，外国法律适用上的平等，以及各国平等地履行国际义务与遵守国际法，平等地适用各国公共秩序保留条款等多种含义。例如，达让特莱认为主权的界限即管辖的界限，主权只能在境内行使，法则的效力也只能及于境内。依据互惠原则，其他国家也能以此主张自己的主权。[1]这是指以解决主权冲突来实现冲突正义，即"依据适当的法律选择方法来选择适当的准据法"。达让特莱强调的是以主权的范围来确定司法管辖权与法律适用的范围，因为主权的范围是相对稳定的确定因素，各成员国更易在此基础上达成利益的一致和确信，以此互惠利益的模式来实现各方利益的最大化。荷兰学者胡伯的"国际礼让说"提出解决法律冲突的三原则主权，第三原则直接提出了各国互相让渡的权力，是出于"礼让"的根本原因。其

---

[1] Pierre Mayer, *Vincent Heuze*：*Droit international privé*，8eed，Montchrestien Précis，2004，p. 217.

论点集中于国家主权，冲突法的任务是确定国家主权的界限，为解决冲突各国需要相互让渡国家主权，这种让渡仍然是互惠正义。德国学者萨维尼阐释了"一个相互交往的国际社会"和"内外国法律的平等"是国际私法产生的前提，亦是适用外国法的前提。[1]这一观点突出了现代国际社会"相互交往"的性质，也强调了内外国法律"平等"的性质。这种"平等"的基础仍然是"互惠"。毕耶提出"当国际私法的科学被置于与国家主权相关的问题上时，就需要考虑国际公法的方法"。其观点也是法律冲突的实质是国家主权的冲突，因此国际私法关系中解决冲突的最根本办法是"最大限度地尊重各国的国家主权"，这依然基于互惠原则。上述观点强调法律冲突的根本原因是国家司法管辖权边界的冲突，国家主权层面的互惠原则是现代国际私法存在的基础。

第二，互惠原则与实质正义。"不同国家私法上的人的自由与平等"为国际私法之实质正义标准，此乃国际私法作为私法性质的正义价值标准。在法国国际私法中互惠原则在此表现为基于基本人权观念上的人的法律地位、权利和义务的平等，这里的"人"包括法国人与外国人。以自由权为例，从国际私法角度提出自由之价值，首见于巴黎议会律师杜摩兰的"意思自治原则"（Pensez au principe d'autonomie）。1525年，杜摩兰在一份法律意见书中概括了该原则，这份意见书的主旨是论证一对夫妇依据婚姻缔结地的习惯法而拟制的一份结婚合同的有效性。杜摩兰认为婚姻合同属于当事人能够意思自治的法则，因而该合同应该依据婚姻缔结地法律发生效力。当时的法国最高法院认可了杜摩兰的意见书，这项原则经历几个世纪直到1992

---

〔1〕 Jean Derruppe, *Jean-Pierre Laborde*：*Droit international privé*，16eed，DALLOZ Précis，2008，p. 162.

年都被视为法国实证法的法源。杜摩兰的"意思自治原则"由私法行为自由原则推导而来。行为自由的两层含义为：一是通常情况下，行为自由指行为自由的方式没有局限。例如，购买物品之后获得该物品的所有权，所有权表明自由处置这件物品的可能。二是通过法律行为体现的行为自由，如合同自治、遗嘱继承等。这就是"私法自治"原则（Privat autonomie），它的含义是"各个主体根据他的意志自主形成法律关系的原则"，[1]或者"对通过表达意思产生或消灭法律后果这种可能性的法律承认"。意思表示是法律行为的工具，而法律行为又是私法自治的工具。杜摩兰的"意思自治原则"更重要的意义在于，肯定了私法上的"行为自由"权穿越了国家主权的界限，即论证了跨越国家主权的私法上的"意思自治"权的有效性，而此意见又经过法国最高法院的认可，成为具有先例的实证法渊源。由此，个人主体之间的"互惠正义"穿越了国家主体层面的"互惠正义"，被视为个人主体的自由与平等权跨越了国家主权的边界。

此外，法国宪法委员会于1990年1月22日作出的第89-269号决议明确强调了"自由和基本人权作为宪法的基本价值适用于所有居住于法国领土的人"。于此，法国国际私法中的"互惠原则"在公法层面与私法层面都涵盖了国际私法的正义价值。

2. "向下"检视

互惠原则在法国国际私法中是否具有主导地位，需要通过实证法上的证明来判定其实质效力。法国承认和执行的国际条约中有对互惠原则的直接规定，如联合国《各国经济权利和义务宪章》指出：

---

〔1〕 Yvon Loussouam, *Pierre Bourel*: *Droit international prive*, 9eed, DALLOZ Précis, 2007, Precis, p. 56.

鼓励各国，不论其政治、经济或者社会制度的情况，在对所有愿意履行本宪章义务的爱好和平国家都在互惠的基础上，进行经济、贸易、科学和技术领域的合作，以建立一个公平、主权平等和发达国家与发展中国家利益相互依存为基础的国际经济关系新制度。

法国国内法中有关"互惠原则"的主要法律依据表现在：
(1) 公法层面：法国《宪法》第 55 条。

法国《宪法》第 55 条确立了条约具有高于法国国内法的地位，同时确立了互惠原则，即法国与其他缔约国同样地适用条约，以履行条约所赋予的义务。

法国《宪法》第 55 条 条约正式批准承认公布之后，即处于高于（法国）法律的地位，但条约中声明保留的条款除外，法国与条约的其他任何成员方同样地适用条约。

法国《宪法》作出的这项总括性规定，使得法国在处理所有对外法律关系的问题上，将互惠原则置于国际私法的基本起点位置，使之成为法国国际私法体系的一般法律原则，在此层面没有其他法律原则与互惠原则平位。条约的最高法律地位由法国《宪法》确立，即法国《宪法》第 55 条规定的互惠原则之下条约的效力优先于国内法。[1]

在条约的适用过程中，会产生与前法和后法的冲突。在条约与前法产生冲突的情况下，法国《宪法》第 53 条规定："违反或与之抵触的（法国）法律视为废止。"在条约与后法发生冲突的情况下，问题更加复杂。长期以来，争议的焦点在于宪法

---

[1] Véronique Legrand，*Droit international privé*，Presses Universitaires de France，2020，p. 322.

对法律的控制地位。按照法国《宪法》第 61 条和第 62 条的规定，宪法是处于最高地位的，法国法官不能直接拒绝适用与条约产生冲突的法律。并且法国宪法委员会对新的法律也要预先进行违宪审查。例如，1975 年 2 月 15 日，在一个关于自动中止怀孕的案例中，法国宪法委员会认为，法国《宪法》第 55 条和条约对这项法律都是认可的，因而自动终止怀孕的法律不涉及与条约相冲突的问题。在 1975 年 3 月 24 日的雅克·瓦布尔（Jacques Vabre）案件[1]中，巴黎上诉法院的公诉人认为，该案涉及与条约相冲突的问题。该案属于法国《宪法》第 55 条所提出保留的情况。但在欧洲经济共同体的条约与法国关税法相冲突的情况下，法国宪法委员会选择适用了条约条款。自 1979 年 10 月 22 日民主劳动组织案件开始，巴黎上诉法院经常遇到条约与法律的效力相冲突，而选择适用条约的情况。于是法国参议院（Le Sénat）开始采用预先裁定的方法，即当遇到条约与国内法相冲突的情况时，条约被预先裁定为优先适用。

（2）私法层面：法国《民法典》第 11 条。

法国《民法典》第 11 条在私法层面作出了互惠原则的总括性规定。互惠原则也是法国对境外的本国人给予保护的根本原则，法国给予在法国的外国人以在该外国的法国人所获得的同等权利。从方式来看，这是一种诱导性互惠，即以自己的法律规定来促使相对国家给予法国同等利益的合作方法，如果相对国家不给予在其境内的法国人以相应的民事权利和地位，则在法国境内的相对国家的国民也无法具有这些权利和地位。这是以单边法律规定来促成国际合作的效果。

---

[1] Michel Virally, "Le principe de réciprocité dans le droit international contemporain", *par Recueil des cours*, Vol. 122, No. 3, 1967.

　　法国《民法典》第 11 条　外国人，如其本国和法国订有条约允许法国人在其国内享有某些民事权利者，在法国亦得享有同样的民事权利。

　　关于法国《民法典》第 11 条的"民事权利"的法律解释有如下观点：其一，民事权利被德莫隆比（Demolombe）解释为所有私法上的权利。依据法国《民法典》第 7 条，私法上的权利独立于政治权利，这是依据法国《宪法》与法国《选举法》的规定而确立的。其二，民法上的权利不同于天赋人权（droits naturels）。这是由德国察哈里埃（Zachariae）所提出的理论，其通过对古代制度的研究而区分了"民事权利的性质"（facultés de droit civil）与"人权的性质"（facultés de droit des gens）。他分析说民事权利依据当事人的出生、死亡和转让等发生移转与变化，但后者却不受上述因素的影响而独立存在。由此，外国人在古代法律中获得了最低限度保障的地位（statut minimum），如姓名权和财产权。可是在法律实践中，上述民事权利与基本人权的划分是不易被确定的。

　　在国际私法案件中，法国最高法院认为民事权利与基本人权的划分问题是非常棘手的问题。在互惠原则之下，关于外国人民事法律地位与人权的维持是很难判断的。在该问题上对目前的法律实践有指导意义的著名案件是 1984 年 1 月 31 日由法国最高法院民事法庭所作出的第 39 号决议，该决定的作出是针对 1982 年 7 月 9 日亚眠市（Amiens）上诉法院所提出的争议事由，争议焦点是涉外民事关系中的外国人民事权利与外国人的人权的划分问题。案件起因于涉外婚姻的财产纠纷，当事人为法国籍的阿里阿波德（Ali Abed）先生与阿尔及利亚籍的帕莱斯特罗（Palestro）女士。判决书中以"在法国的外国人享有没有明文规定的法律所剥夺的所有权利"为依据肯定了上诉法院的起诉。

互惠原则也由此成为判定外国人在法国的民事权利与人权的主
要法律原则。[1]

3. 互惠原则与其他国际私法原则的关系

在私法层面，法国国际私法中还有其他法律原则，例如法
国在针对外国人地位所制定的法律中的最低保障待遇原则（le
traitement minimum）和同化原则（L'assimilation au national）。在
立法中，法国《民法典》第 11 条对互惠原则的规定，已经确立
了互惠原则高于这两项原则的地位。但只有解释互惠原则包含
上述两项原则，才能证明互惠原则作为统领原则的基础地位。

最低保障待遇原则，是指法国自动给予在其境内的外国人
作为人的基本权利。实际上，这是基于法国的条约义务，因为
法国承认了联合国、欧盟等多项人权条约。对条约义务的履行，
是基于公法层面的互惠原则，即由法国《宪法》第 55 条所确立
的遵从条约的宪法义务。

同化原则，是指在法国的外国人需要尊重法国的语言习惯
与公序良俗，应当"像法国人一样生活"。该原则不与互惠原则
相违背，因为当法国人在其他国家时，法国也认为其应当尊重
其他国家的相关法律。这被视为本国的公共秩序政策，亦为法
国维持境内秩序的必须方法，仍然是基于互惠原则下的同化
原则。

不具有法国国籍的自然人在法国的权利和地位问题，在事
实上也有所区别（这在其他国家国际公法、国际经济法和国际
私法的学说和实践中有国民待遇原则、最惠国待遇原则、优惠
待遇原则、差别待遇原则等区分）。在法国境内居住的不具有法
国国籍的外国人，依据所签订的共同体条约与国际条约的规定，

---

〔1〕　Julie Clavel - Thoraval，*Les indispensables du droit international privé*，Plein
Droit，2019，p. 506.

基本区分为三类：第一类是共同体内部的人；第二类是与法国签订了相关条约的国家的人；第三类是因没有相关条约规定而实际上不享有预先利益的国家的人。上述划分是基于法国《宪法》第55条规定的互惠原则的条约义务履行的体现。

在外国法人的权利享有问题上，法国有承认原则，即原则上承认外国公司在法国享有其在本国所具有的所有权利，特别是与法国达成了相关条约的国家。但互惠原则限制了承认原则的适用，而产生两项限制：一是外国公司不能拥有比法国公司更多的权利，包括所有与此相应的隐蔽活动都是禁止的；二是外国公司不能拥有比其本国公司更多的权利，这也被其本国法律所限制，如禁止收入完全自由（指不缴纳相关税务的收益）。

通过检视法国国际私法体系中的互惠原则，以及互惠原则在条约、宪法和私法层面的地位，对法国国际私法冲突正义和实质正义的互惠价值进行审查，可以归纳出互惠原则在法国国际私法体系中的根本法律原则地位。法语的互惠原则内涵深刻而又丰富，包含肯定与否定双重意义的互惠或对等，如以善报善、以眼还眼、针锋相对，它强调行为主体各方在行为方法与尺度上的对等与均衡，在伦理原则与社会规范层面都具有深刻的意义。学者从各个角度对互惠原则进行了探讨，人类学家贝克将其分为一对一的互惠、一对多与多对一的互惠和整体互惠。国际法律关系层面，基欧汉将其分为特定互惠与分散互惠。人类学角度帕瑞斯将其分为结构性互惠、诱导性互惠和随机性互惠。桑塔菲机构将其分为弱互惠与强互惠。上述关于互惠原则的分析理论对国际法律关系的研究具有基础作用。法国国际私法中对互惠原则的理解需以法律体系论为基础，即根本法律原则说或称法律原则中心说，其代表学者为卡尔·拉伦茨。该学说的主要观点是以立法确立该部门法的法伦理原则，指能体现该部门法"法理念"或"隐含的法价值"的公理性的原则，以此实证法原则转化"隐含的法价值"或统一外部法律规范，更重要的是以此原则评价法律实践，确保法律实践不脱离"法理念"的正义要求。互惠原则正是此种意义上的法国国际私法的基本原则。关于法律根本原则的证明需满足三个要件：首先，必须体现该部门法的终极"法价值"；其次，需要有立法上的证明，即此原则在该部门法中具有"最高"原则地位；最后，该原则不可由此部门法中的其他原则推导得出。通过论证互惠原则符合上述三项要件，认定互惠原则处于法国国际私法中根本法律原则地位。互惠原则的概念具有开放性，这也是由其特殊地位的性质所决定的。

第三章 互惠原则在法国国际私法中的历史演进

　　国际法层面的互惠原则基于相对稳定的国际交往关系产生，国家之间对互惠原则适用的讨论源于法律适用上的冲突。古代法律中关于冲突法的资料非常少，只在一些古代法史书中有一般性介绍。在古罗马社会，外国人不具有独立的法律人格。外国人被视为具有威胁性的敌人，或者是被奴役的对象，不受罗马法律保护。在罗马统治时期，法律给予了那些被允许迁徙入境的外国人一定的法律地位，史称为"万民法"（Jus gentium）。卡贝塔和西奥多（Theodore）认为"在中世纪，出现了一种发展趋势，即由罗马及其城邦和其他半岛间，在互惠基础上达成了一些协议。[1]在西方这被视为国际条约的起源。""在一个国王统治下的各个城邦，相互承认和执行其他城邦所作出的判决。"[2]这虽然对可予承认的判决有一定的限制，但这种限制没有延伸到所有的民商事领域。随后，"野蛮民族"[3]的入侵加强了外族

---

〔1〕　P. Mayer, *L'application par l'arbitre des conventions internationales de droit privé in L'internationalisation du droit Mélanges Loussouarn*, Dalloz, 1994, p. 275.

〔2〕　［美］小约瑟夫·奈、［加］戴维·韦尔奇：《理解全球冲突与合作：理论与历史》（第10版），张小明译，上海人民出版社2018年版，第169页。

〔3〕　欧洲中世纪时代的野蛮民族（Barbarian）是古希腊人和古罗马人对邻族（日耳曼人）带有侮辱性的称呼，他们将非希腊、罗马的地区一概视为非文明社会，因为这些民族之间永不停息地在战斗。正是这些"野蛮民族"逐步瓦解了罗马帝国

066

人与本族人的隔离状态，影响了外国人在私法上的权利。关于冲突法的细化规定，始于中世纪早期（Haut Moyen Age），由此，此时期一般作为冲突法研究的起点。

一、属人法时代初显的"互惠"

（一）体现

在蛮族入侵的时期，存在依据属人法确定法律冲突的习惯。习惯的形成与条约有所不同，条约的达成是一些国家代表聚集在一起，共同商讨创造在参与者范围内共同遵守的行为规则，这些国家是在有意识地、自主地去创设自己的行为规范。但就习惯而言，凯尔森（kelsen）描述其为"不自觉的、无意识的造法"。习惯法的形成更多反映着经济主体对自己的经济权利和社会利益的保护。当时的"蛮族"被分为罗马人、萨利克法兰克人（Saliens）、西哥特人（Wisigoths）、勃艮第人（Burgondes）等。这些人共同生活在同一区域，但是适用各自不同的自古以来便使用的律法。这是由于，在这个历史时期，战事频繁，新的政权取得者往往还没有站稳脚跟，又被其他政权所取代。而区域内人民的生活秩序需要用法律来维持，所以各个民族自古而有的习惯法仍然是被需要的客观法。正如古老的法律格言所描述的，"每个人都依据其本身所属的法律而生存"。（Chacun peut sua lege vivre, vivre selon sa loi.）属人法依各人种而适用各自习惯法的情况体现了"互惠"，这是基于普遍承认之上所达成的相互承认，体现了对等与公平的价值，是基于日常生活行为而

（接上页）的根基。"野蛮民族"通常是指那些推翻罗马帝国的日耳曼部族，包括汪达尔人、西哥特人、东哥特人、法兰克人、盎格鲁人、撒克逊人、朱特人和匹克特人等。Michel Troper, *Léviathan Pour une théorie juridique de l'État*, Éditeur Presses Universitaires de France, 1994, p. 360.

逐渐形成的结构性互惠，在没有外力强制的情况下也在混居人民的日常生活中得以实施，这种稳定源于当时人们生活关系利益的相对平衡。

（二）局限

公元 16 世纪之后，单纯以属人法判定民事法律关系的所属法律的局限性逐渐明显，以国家民族的法律为依据的趋势逐步形成。这是因为，第一，在法律实践中，单纯以属人法为依据的后果造成太多的例外，大量例外的出现导致各方利益不均衡和法律适用的不可预见，成员之间的互惠利益出现结构性失衡。第二，单纯以属人法为法律依据，在很多案件中使得"适当的"法律有很多个，究竟以哪一个为准据法仍然很难确定，实践中反而求助于道德准则进行判定。然而道德准则的效力自古以来因地制宜，如果各人种适用各自的道德准则，也破坏了涉及不同人种的利益平衡关系，适用自己道德准则的一方明显占有优势，于是结构性互惠所依赖的平衡更加不稳定。第三，依据属人法确定准据法的体系还导致了判定当事人所属团体的冲突。在中世纪盛期，一个人对另一个人给予承诺，在另一个地方出售某物，而另一方会要求其证实有此能力。在此，达成承诺的地点、出售某物的地点，以及当事人的权利能力所产生的地方都是"适当的"法律所在地。于是，选择的需要产生了。这类问题在现今的法律实践中也经常出现。不同的是，如今已经产生依据连结点，采用冲突规范来选择准据法的方法。

设想如果当时没有逐步采用以国家的法律统一境内的人的法律的方法，而是任意使属人法的方法发展下去而产生的后果。即在一个买卖关系中，买方适用买方的属人法，卖方适用卖方的属人法。在婚姻关系中，各自适用各自的属人法。一旦产生纠纷，即适用古老的习惯法来解决问题。中世纪盛期国际社会交往并不频繁，各国采取严格的等级制度，并且习惯法相对完备。但是，其不利之处比比皆是，最关键的问题是使日常生活关系形成非常复杂的法律关系，法律适用缺乏可预见性，导致利益很难实现结构性互惠所需要的相对平衡。

二、属地法时代蕴含的"互惠"

（一）属地管辖权：基于多方稳定利益的互惠价值的体现

由于纯粹地适用属人法阻碍互惠利益的实现，地域因素变得日益重要。当时在很多案件中，当事人的身份无法被确认，从而只能适用当事人居住地的相对稳定的法律。于是，在私法冲突的案件中，逐渐由单一的方法转向两种体系的解决方法，即属人主义和属地主义的结合。与属人主义相比较，当时适用属地主义的优点为：一是各方当事人能够预先了解所居住区域的法律；二是能够较充分考虑该区域的主要经济利益的价值。[1]这带来了法律适用的相对稳定性和利益的可预见性，由此基于多方稳定利益的互惠价值得以实现。例如，依据萨利克法兰克人的法律，所有居民有权依据居住地的法律来对抗其外国出生地的法律。依照这个基础，在规限之内结婚的不同种族人，可以选择自由宣告的方式来放弃适用自己的属人法，而采取属地法来调整自己的生活，这种自由宣告一旦作出，便是不可取消的。即适用古老的法律格言："在哪里生活，即适用哪里的法律。"（La lex qua vivit la loi selon laquelle il vit.）[2]但是，冲突法并没有仅依据上述情况单一地发展，而是产生了多个分支，大体上可

---

　　[1]　Thomas Risse-Kappen, *Cooperation among Democracies*: *The European Influence on U. S. Foreign Policy*, Princeton University Press, 1995, p. 169.

　　[2]　Jean-Luc Marion, *Chapitre III. La vérité ou le phénomène saturé*, Dans Au lieu de soi, 2008, pages 149 à 204.

以分为意大利、法国中部和其他地区三条不同的发展路径。

（二）外国人地位的主要制度：结构性互惠模型的不断调适

在封建时代，欧洲外国人的法律地位是不稳定的，外国人与侨民需要缴纳所属领地的领主的特殊偿付。此时涉外的互惠原则体现为，各领地领主基于对土地的占有而实现的利益的协调与平衡，仍然体现为没有外力强制实现的权力的结构性互惠模型。此种相对稳定的结构性互惠模型，最大限度且相对有效地确保了各领主的利益，使得在属人法时代由于当事人所使用法律的不确定所带来的互惠利益的不确定得到了缓解。外国人和侨民都必须向所迁移领地的领主进行特殊偿付的方式，也给各领主带来了实际利益。

例如，法国当时存在三种代表性制度：第一，强役制（droit de chevage）。强役制在法国最著名的实例是公元 9 世纪至公元 11 世纪的圣日耳曼隐修院（L'abbaye de saint-Germain des Pres）的制定法，这个著名隐修院的管理者是当时非常显赫的土地领主，其拥有 6471 法亩自主地和 17 112 法亩分有地。自主地包含农田、牧场和林地；分有地被分成 1646 段进行耕种，属于 2851户的平民或奴隶。平民或奴隶被要求每周为地主劳作 3 天，如果平民或奴隶逃到领地之外，土地领主就用铁链将他们拘回来重罚。领主可以随时随意向平民或奴隶索取农车、耕畜和粮食。平民或奴隶如果有肥鹅或母鸡，或白面做的糕点，只能够完全献给他的领主。可见，当时的领主如果拥有较为可观的可耕种的土地资源，就可以吸引更多缺乏基本劳动生活资料的外地平民或者奴隶到自己的属地，为自己创造更多的收益。无论这些平民和奴隶是否愿意，他们都必须将通过自己的劳动所创造出来的价值，无偿地或者无限地供奉给领主。这是以劳动价值来交换生存权利，而这种运作模式的基础是领主基于领地的属地管辖权。各个领主只要可以确保自己对所属领地的管辖权，也就能保证自己可预见的收益。因此，领主们之间可以形成权力结构相对平衡和互惠价值相对公平的局面。

第二，结婚金（droit de formariage）。这是起源于公元 6 世纪由教会法征收的税种，自公元 8 世纪以来获得世俗法的支持。结婚金属于什一税（tithe 或译为"十一税"）的一种，是领地上的居民在教堂举行婚礼而要交给教会的税。[1]它源起于旧约时代，是欧洲基督教教会利用《圣经》中农牧产品十分之一属于上帝的说法，由教会向居民征收的一种主要用于神职人员薪俸和教堂日常经费以及赈济的宗教捐税。这种捐税要求信徒按照教会当局的规定或法律的要求，捐纳本人收入的十分之一供宗教事业所用。尽管自征收以来就遭到普通居民的强烈反抗，但是随着基督教在欧洲普遍推行，缴纳什一税成为普及的强行性规定。公元 779 年，法兰克王国查理大帝明确命令，缴纳什一税是每一个法兰克王国居民的义务。之后西欧各国纷纷效仿，远离欧洲大陆的英格兰则到公元 10 世纪才制定必须缴纳什一税的法令。教会对于西方各国具有深远的影响，神职人员的服务有利于各封建国家的精神统治和政治稳定，什一税制度一方面满足了神职人员的供奉，另一方面节省了世俗统治者的管理成本。因此，当时各国纷纷选择维护什一税制，并无需另行达成其他协议，这是因为什一税体现了当时西方国家封建统治阶层结构性互惠普遍利益的均衡。

第三，没收外侨遗产（droit d'aubaine）。该项法律开始于法国中世纪的旧制（l'Ancien Regime），是指在法国生活的外国人死后，其遗产无论是动产或不动产都归属法国。当时在法国境

---

〔1〕　Francine Markovits – Pessel, "Ⅶ – Violence et histoire dans la société civile", *Dans L'ordre des échanges*, 1986, pages 255 à 28.

内生活的外国人大多从事商业活动，如在法国设立工厂的企业家，还包括参加法国的雇佣军。随着经济与贸易的发展，继续规定没收外国人遗产的制度，阻碍了法国获得更多经济利益。[1]随着国际交往的频繁和国际贸易的发展，投资人当然倾向于在能够保证自己财产稳定安全的地方进行投资，如果当事人在法国境内遭遇不测，自己的家人和继承人都无法继承自己的财产，这一定是不利于经济投资者安心推动经济繁荣的。为此，各国代表与法国国王进行谈判，其结果是欧洲各领主纷纷愿意放弃这项权力，于是日内瓦（1608 年）、荷兰（1685 年）、英国（1739年）、丹麦（1742 年）、西班牙（1762 年）都表示在领地内废除没收外侨遗产制度。法国在 1819 年国民制宪大会上公开废除了此项制度。各领主共同放弃没收外侨遗产权，是为促进所属地经济的稳定发展，吸引更多外国人来本领地进行经济活动，在保护其经济利益的同时，也促进了本地经济秩序的稳定。这是符合各地区的共同利益的，也使得各地区恢复到了互惠利益结构性平衡的状态。

（三）法院地法制度：互惠利益在实证法中的萌芽

在公元 15 世纪至公元 16 世纪的意大利、法国中部以及低地国家联盟（现今荷兰、比利时、卢森堡等地），法院法官开始自发地适用"适合"的法律来调整法律冲突。但一定地域范围内总括式的法律规定的解决方法，总是带来大量的例外。当时的法律制度以立法权和司法权为基础，确立了法院所在地法的适用原则，即法官将所在城市的法律作为准据法（Par les juges et selon les lois de cette ville）。法院所在地法的原则是当时各个领地依据互惠利益所达成的一致。在实践中，各地法官逐渐形成

---

[1] Revue du Nord, "Les étrangers à la cour de Bourgogne: statut, identité, et fonctions", Éditeur Association Revue du Nord, 2002, p. 348.

某种判决一致的习惯，即当一个城邦的法官受理一起与另一个城邦利益相关的案件时，如果其认为该城邦在此案中比本城邦具有更适合审理的利益存在，则将考虑适用该城邦的法律来处理案件，这是法国实证法中互惠原则的雏形。代表案例有 1460 年莱登（Leyde，现属荷兰）法院向海牙法院移交一个判定婚姻合同有效性的案件，因为该案中的夫妇"在海牙这个城市度过了其初婚之夜"。

接着，出现了一个关于采取互惠原则来适用冲突规范的著名案例，即法国最高法院（史称法国诺曼底最高法院）受理的一起私法案件，涉及两个不同地区习惯法的应用，需要判定哪一个才是更加符合利益的城邦。法国最高法院当时面临两种选择，一是自己指定两个法律中的一个，二是以冲突规范来解决法律的选择。法院经过研究，终于发现当时已经存在先例的一条习惯法上的冲突规范，在可以自己裁决所应使用城邦的法律的情况下，法院采取了依据已经存在的城邦的习惯法的冲突规范来解决法律适用问题，再依据冲突规范确定了所应适用的实体法。从这些已经存在的古老的司法实践来看，法国在处理国际私法法律冲突的问题上，一直倾向于遵循先例，遵循互惠利益，采取和谐的方法来解决矛盾。

依据互惠利益，以更和谐方法解决矛盾的倾向也体现在了法国司法管辖权冲突的法律实践中。依据法国的习惯和传统，关于管辖权的划分主要依据由中央权力所制定的法规。例如，人必须由其适当的法官来管辖（1'homme doit etre juge par son propre juge）。法律一般以人和动产作为区分标准，这指的是人需要由其日常起居生活地方的法院的法官来裁判。而这项原则也存在例外和灵活的处理方式。在中世纪末期，关于犯罪行为，已经适用行为发生地的法律来进行裁决。在以动产为标准的情况下，如遗产继承，法官主要依据封地和纳税制所在地的授权，以及遗产中动产的所在地的法律来进行裁判。于是，实践中逐渐出现了，当法院发现自己对某一案件没有符合利益所在的管辖权时，即将该案件移交到更适合审理的法院去审理。这在主权并未统一的情况下，是独具特色的法律实践。这实质是一种互相之间的司法管辖权的让渡与交换。并且，在刑事方面的案件中，所有受理的法官都有此移交的义务，即一旦发现案件有符合适当利益审理的法院，便产生移交的义务。这意味着，在刑事案件中，这种相互的权力的交换与让渡，成为一种法律必需。而且，由移交后的法院所作出的裁决，在移送法院地也能够直接发生效力。这体现的仍是一种权力相对均衡的结构性互惠模式。在中世纪末期，当案件涉及境外因素，在交通和取证都受限制的情况下，相互移送给更"接近"诉因的法院管辖和审理，可以提高相互的审理效率并节省司法成本，这是对各个不同主权的法院而言都能从整体上受益的互惠行为。

虽然冲突规范在中世纪的时候已经被写入了城邦的立法之中，但正是法国当时最高法院的判决使得冲突规范产生了最初的法律效力，使其成了实证法的法源。依据法国诺曼底最高法院的判决，在涉外案件中关于司法管辖权和所适用的法律的判定，适用其"法院地法"（la lex fori）的方法也得到确立。[1]在遗产动产的法律适用问题上，依据巴黎上诉法院的判决，适用动产所在地的法律；依据法国诺曼底最高法院的判决，适用"死者去世时的住所地"的法律。法国当时由巴黎上诉法院所确认并在各领主所承认的基础上，以互惠原则为基础，设立的管辖权移送制度和外地法院判决的承认与执行制度，为冲突法的

---

〔1〕 David Sindres, "Retour sur la loi applicable à la validité de la clause d'élection de for", *Dans Revue critique de droit international privé*, 2015, pages 787 à 836.

发展提供了最初的实证法渊源，也为公元 13 世纪意大利法则区别说的产生奠定了理论基础。

三、法则区别说中的"互惠"

（一）意大利和法国中部的法则区别说

在公元 10 世纪的意大利和法国中部，罗马法得到了普遍的应用。这样的法律传统也逐步同化了"野蛮民族"的法律。在此情况下，由于法律本身趋于一致，冲突法并没有得到良好的发展，当时的居民总是适用法院地法来解决相关的问题。

到了公元 11 世纪，法律冲突问题日益明显。在意大利北部，出现了很多新独立的城邦，它们采用不同的法典，于是找到所应适用的法则（statuts），成为私法关系中的重要问题。并且，这在当时普遍适用的罗马成文法中并没有具体的规定。同样的问题也在荷兰北部地区不断出现。随着时间的推移和矛盾的加深，对专门的冲突法规的重视终于推进了理论的发展。

公元 13 世纪开始，关于"法则区别说"的理论得到了普遍认同，成了一项法律原则。在新罗马法出台的时候，法则区别说被作为法律原则列入了条文中，法则区别说于各个城邦之间具有相互性。这项在意大利北部产生的法律原则，得到了很多欧洲大陆国家的认同，特别是法国、普鲁士（现德国地区）和荷兰。法国人对这项产生于意大利的法律原则很长时间以来都没有热情。直到公元 13 世纪末期，法国的一些学派如新奥尔良学派、蒙彼利埃学派、图卢兹学派被动地卷入了这场热烈的理论研究运动。于是，经过这些法国学者们的研究，又产生了新的被称为"意大利—法国的法则区别说"理论。然后，在公元 16 世纪，法国学者提出了更具有创新意义的"法国的法则区别说"。接着，荷兰学者在公元 17 世纪也提出了"荷兰的法则区别说"。

　　法国学者们普遍认为，虽然"法则区别说"产生于意大利，但却是法国最高法院率先采用了冲突规范，由此推动了冲突法法律实践的产生和发展，这些日益增多的法律实践为意大利提出"法则区别说"奠定了基础。而从古代法律发展的规律来看，司法裁决与法学理论之间存在着深厚的互动关系，二者从来都是互相促进而发展的。这也是当代法国的国际私法能够直接将判例作为法源的重要原因之一。[1]"法则区别说"以实现罗马当时各新兴城邦的互惠利益而产生，寻找"适当的"法律，即为了和谐而公平地解决各城邦管辖权的冲突，实现各城邦在主权利益冲突与个人利益冲突的法律关系中的互惠利益或互惠正义。作为法律原则出现的"法则区别说"，可视为在法律选择方法上注重互惠利益的成文法法源。

　　（二）意大利的法则区别说

　　在公元 9 世纪，拜占庭帝国皇帝查士丁尼编纂的法律文献已经鲜有人知，而其最重要的《学说汇纂》竟已湮没数百年。公元 10 世纪，随着新兴城邦纷纷独立，意大利博洛尼亚（Bologna）大学的学者们迫于实际需要而研究起法律冲突问题。很自然地，这些意大利的教授们从自己熟悉的罗马法着手，对曾经的法律进行注释，注释法学派由此诞生。《查士丁尼法典》的开篇便深深吸引了学者们的注意："帝国以无比的宽仁接受所有向其索求仁慈的臣民。"[2]注释法学派的学者们天然地认为，罗马法才具有普遍的适用性，而城邦的法律不具有这一普遍性，他们的主要观点是城邦法典不是普遍适用的法律，因其没有恒定

---

　　〔1〕　David Sindres, "Retour sur la loi applicable à la validité de la clause d'élection de for", *Dans Revue critique de droit international privé*, 2015, pages 787 à 836.

　　〔2〕　Thomas Risse-Kappen, *Cooperation among Democracies: The European Influence on U. S. Foreign Policy*, Princeton: Princeton University Press, 1995, p. 169.

的法律主体（这里的法律主体其实是特指罗马法中的法律主体）。[1]此处的城邦法典指的是与罗马法典有不同规定的各个新兴城邦自己制定的法典。这一观点被应用于所有涉及罗马法与城邦法的法律冲突问题上，成了一项法律原则。

公元 13 世纪中叶的注释法学派的学者和同时代的后注释法学派的学者不断地对上述法律原则进行完善。首先，表现为对程序问题的阐释：关于程序问题，依据法院地法；关于实体问题，依据本地法。其次，对实体区分为物和人，合同区分为效力和结果。随后，巴尔托勒（Bartole）和其弟子对上述研究进行了总结和完善，形成了相对完整的理论体系，后被称为"意大利的法则区别说"。该学说的特点如下：一是将"与人相关"和"与物相关"作为区分标准。"与人相关"并非用来确定法律主体，而是确定"是什么"，是否属于"域外的"。二是关于"属地的"，也并非指位于该地域内所有的物品。三是管辖法院的法官被禁止受理被认为是"可恶的、可憎的"外国人的案件（但巴尔托勒的弟子后来修正了这一观点，认为其缺乏公正）。四是巴尔托勒将所有人法和物法的判定都依据行为的要式来确定，如合同的准据法，适用合同行为地法等。法律行为都适用其行为地的法律。之后，巴尔托勒的弟子们丰富了他的学术理论，提出了一些新的冲突规则。但在当时，巴尔托勒最重要的理论，即"域内"和"域外"的理论把后注释法学派的学者们彻底弄糊涂了。因为，"域内"指域内法律所规定的，而"域外"的判定因素却要依据人、事实、动产等，若"域内"的法律认为不属于"域内"，则全部属于"域外"。在该理论的法律实践中，有两个主要的问题：一是要知道是"谁"，或者"什

---

[1]　Arthur A. Stein., *Why Nations Cooperate*, Ithaca: Cornell University Press, 1990, p. 247.

么"来适用法律，即人、物或者事实在域内；二是需要知道"谁"能判定该适用域外的法律，例如何种法官有适用域外法律的权力。这些疑惑在公元 16 世纪的时候由法国学者达让特莱进行了系统的梳理和论述。

法则区别原则本身蕴含了互惠正义或对等利益，首先各个城邦之间已经互相承认对方的法则，而在面对具体的法律纠纷时，则互相依据其属人法判定。例如，"如果博洛尼亚人被莫登尼的法院传讯，则不能对其适用莫登尼的法律，因其不是莫登尼法律的法律主体（le sujet）。与此相应，莫登尼人也不必适用博洛尼亚人的法律……"与古代法不同的是，互惠正义已经因普遍承认的法律原则即当时的法则区别原则，得到了各个城邦司法体制的普遍认同。

（三）法国的法则区别说

杜摩兰是巴黎议会的律师，被誉为"意大利—法国法则区别说"的代表人物。他的主要观点是将"法则"区分为程序和实质两类。首先，程序或行为方式的法则，应适用场所支配行为的原则，即行为地的法则。其次，关于法律关系的实质或权利的内容的法则，应当依据当事人"意思自治"的性质分成两种：一是非当事人主观意志能改变的法则，此类法则可以再以物的和人的标准继续区分；二是当事人可以意思自治的法则，即具有默示契约性质的法则，这就是当事人意思自治原则。而当事人意思自治法则的施行，依赖于所关涉国家的相互承认，仍是基于互惠原则。[1]意思自治原则使得私法自治的自由权跨越了国家司法管辖权的边界，获得了实证法的确认，于是更好地实现了国际私法上的冲突正义与实质正义，这体现为公权力

---

〔1〕　Charles Dumoulin, Bertrand Ancel, "Texte de Charles Dumoulin et glose de Bertrand Ancel", *Dans Tribonien*, 2019, pages 98 à 110.

主体间与私权利主体间互惠正义的实现。

意思自治原则最早由杜摩兰于 1525 年提出的一份法律意见书予以概括。这份意见书的主旨是论证一对夫妇依据婚姻缔结地的习惯法而拟制了一份结婚合同的有效性。杜摩兰认为，婚姻合同属于当事人可以意思自治的法则，该合同应该依据婚姻缔结地法律发生效力。当时的法国最高法院认可了杜摩兰的意见书，这项原则历经几个世纪都被法国视为实证法的法源（直到 1992 年）。[1]

与杜摩兰不同的是，达让特莱作为法国法则区别说的代表学者，认为国家主权的界限即管辖的边界，国家主权只能在境内行使，法则的效力也只能及于境内。在原则上，法则是属地的。根据这个原则，凡有关土地的事项，即有关不动产或其继承问题，应适用物之所在地法。关于人的法则可以适用于域外。依据互惠原则，其他国家也能以此主张自己的主权，以区域的相对稳定性来确保利益的相对稳定，这种价值观导致严格意义上的属地主义与国家主义的观点产生。

在冲突法的立法实践方面，公元 18 世纪末至公元 19 世纪初，欧洲产生了四部法典，分别是：1756 年巴伐利亚《民法典》、1794 年普鲁士《普通邦法》、1804 年法国《民法典》和 1811 年奥地利《普通民法典》。这四部法典都深受法则区别说的影响。以法国《民法典》为例，该法典第 3 条规定充分体现了法则区别说的精要：[2]

1804 年法国《民法典》第 3 条　警察和安全的法律，拘束

---

〔1〕　Julie Clavel - Thoraval, *Les indispensables du droit international privé*, Plein Droit, 2019, p. 506.

〔2〕　Mathieu Perrin, "Une femme de bien（s）: Marguerite Boucicaut Dame patronnesse du bon marché", *Dans Droits*, 2020, pages 207 à 238.

居住于域内的一切人。

不动产即使是外国人所有，仍依法国法。

关于人的身份能力的法律，支配法国人，即使他们居住于外国亦同。

虽然上述单边冲突法规范强调法国的主权与属地管辖权，但在早已存在的习惯法中，法国认为其他国家也具有上述权力，此种权力于主体而言是互惠或对等的。

（四）荷兰法则区别说的发展

公元 17 世纪初，荷兰联合王国刚刚独立，同外国的商业关系也日渐扩展，法律冲突问题由此变得重要。于是荷兰学者在达让特莱学说的影响下，更加丰富了法则区别说理论，产生了"荷兰的法则区别说"。荷兰法则区别说的代表人物为保罗·伍特（Paul Voet）和其弟子约翰·伍特（Jean Vbet），以及更富盛名的胡伯。胡伯在其《市民法论》的"各国各种法律的冲突"一章中，阐述了他著名的解决法律冲突的三个原则：一是每一国家的法律在其领土的界限内有其效力，并拘束其全体居民，但在此界限以外并无效力；二是在一国领土范围内的一切人，不论是定居在该领土的范围内，或只是暂时居留的，都应视为该国的居民；三是各国的统治者，由于礼让，每一民族的法律在适用于其领土的范围内以后，不论在何地都保持其效力，但以其他国家或其市民不因此而使其权力或权利遭受损害为前提条件。法国学者评价认为，胡伯三原则是对作为互惠的法律原则从学说角度最初的，也是相对完整的概括。[1]第一个原则开端即强调"每一"国家在其领域内的管辖权；第二个原则强调

〔1〕 Yves Labbé, "Apologie philosophique de la réciprocité", *Nouvelle revue théologique*, Volume 131, 2009, pages 65 à 86.

各国的属地管辖原则，其权力及于领域内的一切人；第三个原则直接提出了各国相互让渡权力，是出于"礼让"的原因。国际礼让的基础即国家的主权平等、互惠正义和对等原则。

四、近现代国际私法学中的"互惠"

第二次世界大战以后，国际社会进入了前所未有的发展阶段。新兴国家的崛起促进了各国不断推进法典化的进程。传统的涉外法律关系更是有着广泛意义上的发展。现代阶段国际私法学的发展，呈现出多元化的格局，国际社会关于国际私法学的讨论集中在以下三个问题：

问题一：解决法律冲突的方式是应该坚持普遍主义还是特殊主义？

问题二：国际私法的主导思想应该是国家主义还是国际主义？

问题三：传统国际私法的区分方法，即"属人主义"是否应当被"属地主义"所替代？

针对上述问题的探讨，其背后却有着更深层次的原因：法律冲突的背后是主权冲突，主权冲突的背后是利益冲突。利益冲突的解决在国际私法关系中，意味着各方法律适用的平等，各方利益的平衡，这是以互惠原则为基础的。

（一）主权冲突、利益冲突与"互惠"

1849 年，德国学者萨维尼出版了著名的《现代罗马法体系》，并在第 8 卷中阐释了"一个相互交往的国际社会"和"内外国法律的平等"是国际私法产生的前提，亦是适用外国法的前提。[1]这是萨维尼对国际私法中互惠价值的精准概括，突出了现代国

---

〔1〕　Laurent Cordonnier, *Coopération et Réciprocité*, Presses Universitaires de France, 1997, p. 220.

际社会相互交往的国际性质，也强调了内外国法律平等的性质。平等互惠作为国际私法的前提，亦是外国法律在内国适用的前提。此种国家主体间与涉外私权利主体间的平等意义上的互惠，成为现代国际私法的显著标志。[1]

萨维尼倡导建立适用于整个人类社会的统一的冲突法规范体系，呈现出理想主义色彩。法国特殊利益主义的代表尼伯耶批评说："萨维尼的理论只能给人描绘一个法律的印象，他从普遍主义或称国际主义的立场出发，认为应适用的法律，只应是各该涉外民事关系依其本身性质所固有的'本座'所在地方的法律。他的基本立场是各个主权国家法律的平等，他认为判决一致是国际私法的最终目的，却无法提供解决法律冲突的真实方法。"德国的沃尔夫（Whorf）也同样认为："萨维尼不能指出解决法律冲突的道路，而只能指出解决冲突道路的方向。"但是萨维尼仍然坚持，寻求一个普遍的、单一的足以说明适用外国法理由的前景是必要的，虽然它很遥远，因为法律关系是如此丰富多样，可是国家和个人的共同利益又要求我们在处理涉外案件时实行互惠原则，审理内国人和外国人时要理所应当地平等。由于具有这样共同的目的，国际私法各种制度在处理各种不同实体法的矛盾时，应力求做到接近统一。

不同国家的人在其出生之前就已经被其本国法律所预设了身份。基于各国法律之不同，不同国家的"人"与"人"从出生开始就成为不同的"法律人"。国际私法上的法律冲突是不同国家主权与利益的冲突，是不同法律体系在同一案件中相遇而产生的冲突。由此需要存在世界各国普遍承认的冲突规范。依

---

〔1〕 Antoine Janvier，"De la réciprocité des échanges aux dettes d'alliance：L'Anti-Œdipe et l'économie politique des sociétés primitives"，*Dans Actuel Marx*，Volume 52，2012，pages 92 à 107.

据这个观点，萨维尼把涉外民事关系分为人、物、债、行为、程序等几大类，并且提出了相应的"本座法"。[1]但这一观点体现出萨维尼没有严格区分国际私法与国际公法的范畴。国际私法与国际公法同样产生于国家主权，同样调整主权国家之间的利益冲突。与此相应，萨维尼也指明了国际私法与国内民商法的显著区别：其一，国际私法的国际性与涉外性；其二，国际私法的立法必须不局限于本国和本国人的利益。在此，萨维尼对各国必须采取互惠原则实行国际交往的原因说得更加透彻，即为了实现"国家和个人的共同利益"。萨维尼所倡导的这种互惠模式，以博弈论的观点来看，已经进化至随机性互惠模式的阶段，即假定这种互惠关系存在于多个博弈者（国家主体）的多个不同利益（各类法律冲突问题）之争的类型中。各个国家主体必须反复交易，目的是使预期价值获得最高。这属于以国际条约或者国际合作体现的互惠模式，其目的不是期望某种特定的回报（即个案正义的实现），而是期待在未来获得某种普遍的回报，即促使合作各方的各类法律冲突问题最终得以实现普遍的实质正义。

（二）普遍主义、特殊主义与"互惠"

公元 16 世纪末，几乎所有的学者都是国际私法的"普遍主义"者，他们的目的都是在世界范围内建立一个统一的冲突法规范体系。这一观点到了现代，才被一些学者提出质疑。国际私法的普遍主义代表人物萨维尼提出"在不同的人之间建立一个共同体"的思想源于罗马法的理想。萨维尼关于统一国际私法的构想得到了法国、德国、意大利、英国和其他主要国家的

---

[1] Odile Castel, "La réciprocité au cœur de la structuration et du fonctionnement de l'Économie sociale et solidaire", *Dans Revue Française de Socio-Économie*, Volume 15, 2015, pages 175 à 192.

广泛认同，并延续到了公元 18 世纪末。

意大利的孟西尼也是普遍主义思想的维护者，他认为"每一个主权国家，既不能违背自己的国际义务也不能违背国际法，不能立法拒绝在其领土上适用外国法"。孟西尼还认为某些法律在本国领土上普遍适用，既适用于本国人，也适用于外国人。但这些法律的效力不溯及于在外国的本国国民。这个例外的理由是公共秩序的需求。因此，公共秩序的观念就有了相当大的适用范围。但是孟西尼的思想将例外与原则联系起来，外国人之所以遵守公共秩序性质的法律，是因为虽然他在法律上不属于该国民共同体，但他在该国居住的事实仍使他与该国民共同体具有直接的联系。另外，本国法的影响不应该忽视合同意思自治原则。因此，对于合同所产生的债，孟西尼承认意思自治原则。如此，他确定了国籍原则、自由原则和主权原则，法律选择正是在个人自由、个人利益与国家权威之间寻求一种协调。协调的寻求正好也就解释了为什么适用外国法。孟西尼理论的根源是"国家主义"，但是显然有些自相矛盾的是，这种学说倾向于国际主义，它赞扬民族观念，同时又宣称每一个民族都有义务尊重其他民族。而在国际私法上适用外国的本国法便成为这种既有民族自豪感又尊重外国的双重态度的标志和结果。[1]孟西尼同样倾向于以国际法的构想来解决国际私法的问题。孟西尼的学说从另一角度强调了互惠原则，即每一个主权国家都不能违背自己的国际义务和国际法，并且应当在领土上给予外国法律适用的平等。可见，孟西尼是从各国义务对等的角度来强调互惠原则在国际社会中的贯彻的。

〔1〕 Antoine Janvier，"De la réciprocité des échanges aux dettes d'alliance：L'Anti-Œdipe et l'économie politique des sociétés primitives"，*Dans Actuel Marx*，Volume 52, 2012, pages 92 à 107.

毕耶同样持普遍主义的观点，认为"当国际私法的科学被置于与国家主权相关的问题上时，就需要考虑国际公法的方法"。其基础观点也是法律冲突的实质是国家主权的冲突，因而国际私法关系中解决冲突最根本的办法是"最大限度地尊重各国的国家主权"。[1]毕耶将互惠正义集中于国家主权，认为冲突解决的最根本途径是"最大限度地尊重各国的国家主权"。

与普遍主义观点相对的是特殊主义学派的观点，该学派的代表人物主要有公元 16 世纪德国的康恩（Kahn）、意大利的安吉洛提（Anzilotti）、法国的巴丁（Bartin）和尼伯耶。普遍主义是基于法律冲突源于国家的主权冲突，因此需要以国际公法的途径建立国际性的法律冲突的解决机制，如制定统一的冲突法规范，建立统一的国际私法裁决机制。但是，特殊主义学派的学者们认为，国际私法的主要解决途径应当是国内的，即仍然应当将内国的司法机制作为解决法律冲突的主要途径。例如，法国的巴丁认为特殊主义的需要是基于司法实践本身的需要，首先，制定冲突规范以及对冲突规范的解释，当然主要应当以国内立法的方式来解决。因为即使制定了国际统一的冲突法规范，也无法统一各国对法律条文的解释和应用，因为各国的法律传统与实践对法律概念的理解存在千差万别，这使得国际化的国际私法法律体系没有基本的法律概念所搭建的概念位阶的基础。其次，无法想象存在一个国际性的能够解决所有国家的法律冲突问题的国际司法机构，这一构想简直不具有现实意义。[2]特殊主义学派的学者从法律实践的现实出发，认为普遍主义学说不利

〔1〕　Yves Labbé，"Apologie philosophique de la réciprocité"，*Nouvelle revue théologique*，Volume 131，2009，pages 65 à 86.

〔2〕　Serge-Christophe Kolm，*La bonne économie La réciprocité générale*，Presses Universitaires de France，1984，p. 498.

于互惠利益的实现，而互惠利益的最大化实现仍然需要以强调国内法的方法来保证。

（三）国家主义、国际主义与"互惠"

上述特殊主义学派的学者们经常被视为国家主义者，如巴丁和尼伯耶。巴丁认为法律如同政治，在国际私法中当一个涉外案件涉及"国家利益"的时候，应当适用该国的法律。尼伯耶也是这一观点的赞同者。但是更多学者认为，这样的结果是导致更多的冲突，即更多涉及国家间利益的冲突。而作为调整国际冲突的冲突规范，不应当以此种挑起矛盾的方法作为主要原则。因此，国际主义学派的学者们仍然主张平等地对待内国与外国的利益。因为，一旦内国具有特殊的国家利益，则其他国家也完全可以这样做。其结果将不符合国际私法的主旨。比较而言，国家主义者和国际主义者都以国家的互惠利益为基础，只是角度与侧重不尽相同。国家主义者强调互相尊重国家主权之平等，而国际主义者强调平等地履行国际义务和国际法。

（四）属人主义、属地主义与"互惠"

近现代的国际私法学者中，属人主义的代表人物首推孟西尼，他认为适用外国法的基础是依据国籍原则。国籍构成整个国际法基础的思想必然影响国际私法的观念发生转变。事实上，孟西尼原则上提出，国籍不仅是国家主权存在的基础，还是国家实现管理的基础。国籍的构成显示着地理、气候、历史、语言、文化、宗教、习俗、种族等各个方面的情况，国际私法主体中的个人与特定国家之间的联系即为国籍，个人通过国籍身份得到确认，个人的权利是由国籍所属国的法律决定的。[1]法国在国际私法法律体系中采纳了孟西尼的学说，在互惠原则的

---

〔1〕 Éric Sabourin, *Organisations et sociétés paysannes Une lecture par la réciprocité*, Éditions Quæ, 2012, p. 280.

基础上，法国在面对国籍判定的问题时坚持，各国国籍法的制定权源于国家主权，各国对各自国籍的判定享有当然的权力。例如，法国人的判定依据法国国籍法，而德国人的判定依据德国法。可见，在法国的国际私法法律实践中，国籍法具有非常重要的地位。在国际私法涉外性的判定中，法国国籍的判定是法院管辖权的重要依据，也是法院进一步行使管辖权或者移送案件的依据，并且这些判定所依据的法律必须是法国的国籍法。这也解释了在现代的法国国籍法中，为什么对是否为"法国人"的判定标准和程序规定得极其精细而繁复。法国国籍法充分表达的态度是，法国充分尊重互惠原则，因为法国法当然对"法国人"的判定具有完全的决定权，就像法国绝对不会干涉德国如何判断谁是"德国人"那样。

与此相反，属地主义的代表人物尼伯耶在此问题上追随达让特莱的思想，认为特殊利益学派的需要是基于政治本身的需要。强调法院地法律的适用是现实而且应当优先于属人主义的。在实践中，属地主义的观点得到了英美国家的普遍认同。而属地主义所侧重的也是互惠原则中关乎国家主权平等的属地管辖权。

过分强调属人主义与属地主义的冲突法，虽然在表面上承认国际合作是实现国际私法中各法律主体的均等的最大利益的途径，但都坚持传统的结构性互惠模式，即假定一种并不存在冲突的相对稳定的各国价值的存在，将国际私法中的国际合作置于一个没有基础的互惠模式，必然是不稳定的，也不能实现促进最大范围内的最多主体利益最大化的整体互惠。强调属人主义与属地主义的冲突法，仍然是以实现特定国家主权的最大利益为自身目的，没有充分参与国际互惠合作的诚意。

冲突法产生之时涉外主体间的"互惠"已然出现，在各个阶段的冲突法律实践与学说的发展中，"互惠"价值始终处于国际私法中的基础地位。在属人法与属地法时代，"互惠"伴随着法律实践而产生。在法则区别说时代，互惠原则中的主权平等、内外国法律地位平等、外国法律的平等适用、内外国人民事法律地位平等的基本观念开始得到区分。荷兰胡伯三原则，被视为对互惠原则最初的法学学说阐释。基于普遍主义的萨维尼明确阐释了国际交往中的互惠原则。近现代国际私法学说中，在国家与利益、普遍主义与特殊主义、国家主义与国际主义、属人主义与属地主义各个学派的争论中，"互惠"始终以其不同的角度得到强调。

在法律实践方面，中世纪法国的旧制因对在法国境内的外国人创设了多种不平等待遇制度而被西方国家所仿效，最显著的是强役制、结婚金和没收外侨遗产制度。这些制度极大地促进了封建领主和贵族阶层的收益。在属地法时代，巴黎上诉法院最先适用冲突规范，选择适用外域的法律作为冲突法最初的判例法渊源。并且，法国在中世纪已经建立了最初的管辖权移送制度和判决的相互承认与执行制度。法国自第二次世界大战后的改革可谓忠实地贯彻着自由主义与平等精神，也奉行着无处不在的互惠原则。法国已经签署的各种条约不计其数，而对条约的承认与尊重似乎也丝毫没有影响到其根本的互惠原则。随着法国大革命的胜利，天赋人权的观念得到法律全面的保障。外国人无论种族与信仰都拥有平等的法律地位，类似于没收外侨遗产制度的法律均被废除。公元19世纪和公元20世纪的法国在外国人的法律方面有不同的侧重与阐释。公元19世纪的政策对外国人是否能具有政治权利作出了区分，并立法确立了互惠原则。即法国给予在法国的外国人以在该外国的法国人所获得的同等权利。公元20世纪，针对移民和第二代移民不断增多的现象，加上战争的影响，法国对于国籍的排外现象有所缓解。其次，出于经济危机的影响，以及各国的保护主义倾向，使得全球化与区域合作的客观需要与内国的利益需要互相协调，即需要建立整体互惠利益上的国际合作模式。

第四章 法国国际私法中互惠原则的一般适用

在当代法国国际私法的法律实践中，作为互惠原则的一般适用是依据条约和普遍承认的惯例而适用法律的一般情况。在国籍法中表现为有关法国国籍的判定依据法国法。在外国人地位法律中，互惠原则由法国《民法典》第 11 条所确立。在现行的法国冲突法中，互惠原则体现在冲突法的各个部分，如国际冲突规范与国内冲突规范，包括身份关系的确定、物、法律行为、合同、民事侵权行为、婚姻的效力和财产问题、遗产问题的冲突规范。互惠原则只有在法官对冲突法的具体适用过程中，才能充分体现其法律效力。虽然有遵守条约的义务，法国法官在实践中仍然有适用法国法的自然倾向，于是法国最高法院出台了一系列判例，以规制法国法官平等地对待法国法与外国法，并且规定了应当适用外国法的情况。在涉外司法管辖权中，法国目前主要依据所签订的国际条约履行义务。

一、依据互惠原则对法国国籍的判定适用法国国籍法

每个国家作为独立主权的主体，都享有自主权。但是，如果不对国家主权进行限制，实际上将导致国家权力机关的无限权力。主权国家之间达成国际规约，以此限制互相的权力，目的是和平解决国际冲突问题，从而形成国家权力结构的平衡，

同时也有利于国家间权力结构性互惠的发展。[1]

　　海牙国际法院的判例是法国国际私法的法源。海牙国际法院于 1955 年 4 月 6 日关于反对诺特波姆在第三国入籍的行为的判决中，确定了下述原则：“国籍属于国家的国内管辖”，“国际法让每个国家规定关于它的国籍的赋予”，“国籍在赋予该国籍的国家的法律秩序上有其最直接、最广泛的效力，而且就大多数人而言，有其唯一的效力。（一国的）国籍首先可以决定具有该国籍的人享有该国财产法对本国人所赋予的权利以及施加的义务”。[2]

诺特波姆案

　　诺特波姆出生于 1881 年 9 月 18 日，出生地是汉堡，其父母是德国人。按照德国国籍法，他出生时就取得德国国籍。1905年，他离开德国，开始在危地马拉设定住所，并把危地马拉作为他所从事的事业的中心。从 1905 年至 1939 年，他只是有时到德国短期居住。从 1931 年起，他有时也会去列支敦士登，因为他的一个弟弟居住在那里。1939 年 3 月，他离开危地马拉，前往汉堡，行前曾委任诺特波姆商店保护他的利益。在汉堡短期居住后，他就去了列支敦士登，并在 1939 年 10 月依照 1934 年1 月 10 日的列支敦士登国籍法，申请入籍。依照该法第 6 条，外国人申请入籍，必须已经居住在列支敦士登至少 3 年，但有例外情况形时可以免除这个居住期限的条件。列支敦士登王准许他免除这个条件，并在 1939 年 10 月 13 日准予其入籍，且于10 月 20 日以列支敦士登政府名义颁给其国籍证书和护照。1939

---

　　[1]　Eric Le Penven, "Populations de France: une émigration croissante à la géographie diversifiée", *Dans Les Analyses de Population & Avenir* 2021.

　　[2]　Anne Marmisse-d'Abbadie d'Arrast, *Droit international privé et droit notarial*, Éditeur Ellipses, 2017, p. 226.

年12月1日，危地马拉驻苏黎世总领事曾在他的护照上签证，准许他回到危地马拉。他回到危地马拉以后，即向危地马拉政府申请将他在外国人登记簿上说明的国籍改为列支敦士登国籍，并经过危地马拉政府批准。此后他在危地马拉恢复商业活动。1941年12月11日，危地马拉同法西斯德国宣战。1943年11月19日，他被危地马拉警察逮捕，并被移交给美国军事当局。后者将他送到美国境内拘留起来，直到1946年1月22日才将他释放。同时他在危地马拉的财产和商店被危地马拉政府依照处理敌国人的法律扣押和没收。1946年1月，他向危地马拉驻美国的领事申请准许他回到危地马拉，但危地马拉政府予以驳回。1946年7月24日，他又请求危地马拉政府撤销该政府于1944年12月20日所作出的取消把他登记为列支敦士登国民的行政决定，危地马拉政府也予以驳回。因此，列支敦士登政府于1951年12月10日向国际法院起诉危地马拉，请求返还诺特波姆的财产，并且赔偿损害。列支敦士登政府的理由是：危地马拉政府把诺特波姆逮捕、拘留、驱逐并且排除于危地马拉境外，以及扣押和没收他的财产，是违反国际法的，而且危地马拉政府拒绝为实施这些非法行为给予赔偿，也是违反国际法的。

国际法院的裁决：驳回列支敦士登政府的起诉。理由是，国际法院认为列支敦士登政府对诺特波姆不能行使外交保护权，而国际诉讼也是外交保护的一种方式。但是，国际法院并不否定国籍主要是国内法上的一个制度。并且，国际法院也认为，一方面，"国籍属于国家的国内管辖"，"国际法让每个国家规定关于它的国籍的赋予"；另一方面，"国籍在赋予该国籍的国家的法律秩序上有其最直接、最广泛的效力，而且就大多数人而言，有其唯一的效力。（一国的）国籍首先可以决定具有该国籍的人享有该国财产法对本国人所赋予的权利以及施加的义务"。

所以，列支敦士登，正如任何主权国家一样，有权用自己的立法来规定它的国籍的取得。按照国际法院的意见，诺特波姆确实是列支敦士登国民，并且只具有列支敦士登国籍，因为他已经加入了该国国籍，并且已经丧失了德国国籍。但是，尽管这样，国际法院仍认为列支敦士登政府对诺特波姆不能行使外交保护权。一方面，国际法院重申了国籍应当被认为是"原则上"或者"一般说来"属于国家的保留范围，从而肯定了每个国家有排他性的主权来制定关于取得和丧失其国籍的法律，并且也承认了诺特波姆按照列支敦士登的国籍法已经取得了列支敦士登国籍。但是，另一方面，国际法院却否认列支敦士登有权对其进行外交保护。

在国际法上，任何国家有为本国国民向他国进行外交保护的权力，这是公认的一个原则。那么，国际法院为什么在本案拒绝适用这个原则呢？国际法院实际上认为，国籍应当被认为在"原则上"或者"一般说来"属于国家的保留范围，只适用于个人对国家的政治上的从属关系，即只适用于一国内部的关系。当该国主张其他国家应当承认它所赋予的国籍，或主张国际法院应当承认这个国籍，即承认这个国籍的国际效力时，就应当按照国际法的标准来解决这个问题。换句话说，按照一国国内法应当赋予哪些个人以国籍，以及赋予的国籍在该国国内法上产生什么效力是一个问题，这个问题须依照该国国内法的标准来解决；而该国是否有权将它赋予的国籍对抗其他国家是另一个问题，这个问题须依照国际法的标准来解决。因此，按国内法赋予的在国内法上完全有效的国籍，在国际法上不一定可以用来对抗其他国家。[1]

---

〔1〕 David Sindres, "Retour sur la loi applicable à la validité de la clause d'élection de for", *Dans Revue critique de droit international privé*, 2015, pages 787 à 836.

国际法院以"实际国籍"作为决定一个国籍在国际法上是否可以对抗其他国家的标准。法院在判决书中提及:"按照各国的实践、仲裁和司法的判决以及学说上的意见,国籍是一个法律上的纽带,其基础是关于联结的社会事实,关于生存、利益和情绪的实际连带关系,以及权利和义务的'相互性'。可以说,国籍是下列事实的法律上表现:这个或者由法律直接地或者由行政行为赋予国籍的个人,是事实上更密切地同赋予他国籍的那个国家的人口密切地相结合,而不是同任何其他国家的人口密切地相结合。一个国家赋予他国籍以后,只是在这个国籍是把被赋予国籍的个人依附于赋予国籍的国家的事实用法律名词表现出来的条件下,才能使这个国家有权向另一个国家行使保护权。"

国际法院审查了诺特波姆在入籍列支敦士登以前,入籍期间及以后的行动后,认为他同列支敦士登并无实际的关系,而同危地马拉却有久远和密切的关系,而且他同危地马拉的关系不因他加入列支敦士登国籍而减弱。诺特波姆在列支敦士登既无住所,又无长期居所,也无在此定居的意思,更无经济利益,或已进行或将来拟进行的活动,并且其在入籍以后生活上也无变更。他申请加入列支敦士登国籍并不是由于他在事实上属于列支敦士登的人口,而是希望在第二次世界大战发生时取得一个中立国的保护。而列支敦士登准许他入籍也不是以他同列支敦士登有实际的关系为根据的。因此,诺特波姆的列支敦士登国籍不是实际国籍,不符合国际法上实际国籍的标准,因而危地马拉没有义务承认列支敦士登赋予他的国籍,或者说列支敦士登不能以这个国籍对抗危地马拉,不能根据这个国籍来向危地马拉行使对诺特波姆的外交保护权。

国际法院对诺特波姆案的判决,实际上是将国际私法中久已确立的解决国籍积极冲突的实际国籍原则扩张而适用于国际法上外交保护的条件。这是在国际私法实践中最有代表性的一个判决，论证了每一国家有权以其自己的法律决定谁是它的国民，但在这种法律与"普通承认的关于国籍的法律原则不相符合"的情况下，其他国家可不予承认的理论。

制定国籍法对境内居民实行管理的权力源于国家主权，虽然国籍法属于公法性质的法律规范，但法国国际私法主体资格的判定必然涉及法国国籍法的规定。[1]法国认为判定一个人是否具有法国国籍，当然只能依据法国法；与此相应，基于互惠原则如涉及判定一个人是否具有中国国籍，法国认为当然也应当适用中国法。这是国家主权层面的在国籍法方面的平等适用，即在对等基础上承认对方国籍法的效力。[2]因此，欲判定一个人是否具有法国国籍，须知晓法国国籍法的规定。以下从法国国籍的一般概念、法国国籍法的一般依据、法国国籍法的更迭、法国国籍的拥有、丧失和证明等方面来完整说明法国国籍法的内容。

（一）互惠原则在判定法国国籍时的法律适用

国籍的产生源于主权国家的产生，有国家才有国籍。第二次世界大战后，现代文明国家普遍接受国家的权力来源于人民的观点。正如社会契约论所描述的，国家的权力由内部人民所达成的"契约"授予，这个"契约"就是宪法。国家权力的范围由宪法所规定，国家权力行使的方法由法律所控制，宪法也确立了"人人生而平等"的基本法律地位。国家主权机构依据人民让渡的代为管理国家的权力，按照法律所规定的方法，对

---

〔1〕　Anne Marmisse‐d'Abbadie d'Arrast, *Droit international privé et droit notarial*, Éditeur Ellipses, 2017, p. 147.

〔2〕　Pierre Dardot, Christian Laval, "Chapitre 11. Les nouveaux mystères de l'État", *Dans Dominer*, 2020, pages 587 à 675.

内对外行使国家主权。基于对人类社会战争不断的反思而达成的国际规约，确立了现代国际社会由各个主权平等的国家构成的局面。基于这种平等，各国私法上的人，具有各个不同国家国籍的人，才有了国际交往中平等的法律地位。国际私法意义上的"国籍"构建于此种"平等"。此种国家层面和个人层面的平等是国际社会的互惠正义的体现。国际私法的主体是私法上的人，包括内国人和外国人，要确定国际私法的主体是内国人还是外国人，无论在国际习惯或是国际规约中，都首先依据各国的国籍法。

在法学意义上，国籍指个人在特定国家的司法和政治体系中的法律地位。[1]与此相应，在社会学意义上，国家是由个人组成的社会共同体，这一共同体有相同的传统、意愿、感情和共同的利益，是个体生活居住的地方。[2]法国国籍法融合了法学和社会学意义上的观念，考虑到了作为法国人所应该具有的民族传统、民族意愿、民族感情和共同利益。"法国人"指具有法国国籍的人。这种身份的形成或者基于出生，或者在法国生活，还包括尚未丧失法国国籍的情形。[3]

（二）法国国籍法的法律依据

1. 确定国籍的原则

第一，出生国授予原则。各国的法律实践遵从两个基本原则，即血统主义（jus sanguinis ou droit du sang）和出生地主义

---

〔1〕 Véronique Legrand, *Droit international privé*, Presses Universitaires de France, 2020, p. 172.

〔2〕 P. Mayer, *L'application par l'arbitre des conventions internationales de droit privé in L'internationalisation du droit Mélanges Loussouarn*, Dalloz, 1994, p. 275.

〔3〕 Amélie Benoistel, "La preuve de la filiation attributive de nationalité française par un acte de naissance établi en exécution d'un jugement supplétif (Civ. 1re, 4 décembre 2019, n°18-50. 040)", *Dans Revue critique de droit international privé*, pages 317 à 330.

（jus soli ou droit du sang）。第一个原则源于家族传统，第二个原则由社会演进而来。[1]在国籍的确定问题上，与任何政治社会因素相比较，家庭因素得到更多尊重。血统主义的决定意义基于人的本性，包括人在生理与心理双重意义上寻找根源的内在需要。在生理意义上，一些密切关涉人体健康的问题，诸如遗传基因的特性，是否具有遗传疾病历史，有哪些先天的异常倾向等，都需要以血统基因的来源作为识别依据。在心理意义上，欲求知晓亲生父母和家族来源也是人的天性。在跨国收养和试管婴儿等现代社会越来越普遍的社会现实中，血缘关系却变得难以认定，因此产生了对这些子女的特定利益保护问题上的思考。法国的法律实践更加注重血统主义，并且在制定有关国籍政策的时候，以人口学上当时最为重要的价值作为决策依据。

第二，国籍变更。这涉及旧国籍的丧失和新国籍的取得而发生国籍变更的法律问题。在国内法中，经常对此问题单独进行立法规定。公元 20 世纪之后，国籍自由理论得到现代国家的推崇，在国籍法上表现为尊重个人变更与不变更国籍的权利。

---

〔1〕　个人地位和公民身份：如果不加区别地将国籍资格赋予任何人，那么社会生活就需要有能力识别每个人的社会状态并将其个性化。促成这种个性化的要素共同构成了人的状态。从这方面来说，构成它的要素对于所有抽象地考虑的个体来说都是共同的：血缘关系、姓名、住所、性别、婚姻状况等，但它们的组合意味着每个个体具体地具有一种特定于他的状态，将他与其他人区分开来。这些要素中的大多数都是官方声明的主题，该声明允许任何感兴趣的人了解某个人的状况。这种宣传是通过公民身份文件进行的，其中列出了姓名、性别等数据，还列出了出生、亲子关系、婚姻以及可能的离婚、死亡等基本事件。这些要素的可靠性假定它们不能被人单方面修改，并且这个人甚至不能通过他的意志影响它们的决定。因此，存在不可获得人员地位的原则。然而，这一原则现在的特点是在人员地位方面引入了一定的灵活性，如人的地位和个人数据的要素。从本质上讲，人的状态要素构成与已识别或可识别人员相关的信息，因此也构成 2016 年 4 月 27 日有关保护自然人的法规含义内的个人数据，个人数据的处理和此类数据的自由流动。Grégoire Loiseau，"Chapitre 2. L'état des personnes"，*Dans Le droit des personnes*，2020，pages 74 à 110.

但法国历来不推崇个人变更国籍的行为，在国籍法上倾向于强调个人对国家持续地效忠。其实，在各国的法律实践中，国籍的获得与丧失，普遍源于国家政府的同意。[1]因此，国籍自由原则在法律实践中主要表现为不变更国籍的权利，该权利包括不取得国籍的权利与不丧失国籍的权利。前者是指在个人没有明确表示希求获得国籍的情况下，不应当存在自动获取某国国籍的情况。因为在国家设定自动取得国籍政策的情况下，个人实际上就没有不取得国籍的权利了。后者在实践中表现为不自动丧失国籍的情况，虽然法国国籍法不承认双重国籍，但是在当事人获得了双重国籍时，法国国籍法目前也不采取自动丧失法国国籍的做法。这是为了防止无国籍人的状态出现，同时也是为了保护法国的国家利益。[2]

2. 关于国籍的条约

第一，关于放弃地域关系的条约。第一次世界大战中出现了割让领土的条约，战后即产生这些割让土地上的居民的国籍恢复问题。如 1919 年的《凡尔赛条约》中关于恢复阿尔萨森和洛林地区居民的国籍问题。国籍条约的制定最初是因为出现了请求变更国籍的人。在冲突发生的时候，常以居民所在地的所属国的国籍法确定。关于法国国籍的确定，在没有相关国际条约的情况下适用法国法，即法国《民法典》第 17-7 条和第 17-8 条，原法国《国籍法》第 11 条和第 12 条。

法国《民法典》第 17-7 条（1973 年 1 月 9 日第 73-42 号

---

[1] Soufyane Frimousse, Jean-Marie Peretti, "Regards croisés, Les répercussions durables de la crise sur le management", *Dans Question（s）de management*, 2020, pages 159 à 243.

[2] Véronique Legrand, *Droit international privé*, Presses Universitaires de France, 2020, p. 189.

法令修改）　在缺乏国际条约的相关规定的情况下，有关法国国籍的归属和地域问题适用本法。

法国《民法典》第 17-8 条（1973 年 1 月 9 日第 73-42 号法令修改）　新授予国籍的地区，自从法国迁居到该国的日期始，若当事人合法地取得在该国的居住权，则丧失法国国籍。

依据互惠原则，法国也认可其他国家就上述问题采取同样做法。例如，在一起关涉法国与中国的国籍归属问题的案件中，对于判定中国国籍的归属和地域问题，法国认为应当适用中国法；对于原法属殖民地的居民，适用特殊解决的办法。这些地区从法兰西共和国独立出去之后，即产生特殊的国籍问题。当地居民在原法兰西国籍与新独立地的国籍问题上的处理办法，由 1973 年 1 月 9 日第 73-42 号法令所规定，即适用法国《民法典》第 32 条，原法国《国籍法》第 152 条。这些地区包括 1960 年 7 月 28 日独立的撒哈拉以南非洲国家、1962 年 7 月 21 日独立的阿尔及利亚、1977 年 6 月 20 日独立的阿法斯、伊萨斯和奥黑尔地区，以及 1980 年 9 月 5 日独立的新赫布里底群岛地区。

法国《民法典》第 32 条（1973 年 1 月 9 日第 73-42 号法令修改）　在法兰西共和国出生的人，自 1960 年 7 月 28 日止，那些从法兰西共和国独立出去的地区的公民，有权保有法国国籍。

其家属子女，或者丧夫和丧妻的人及其子女享有同等待遇。[1]

值得注意的是，阿尔及利亚地区的法国人拥有一般的民事

---

[1]　Fabienne Jault-Seseke, "L'article 32 du Code civil et la définition du Français originaire du territoire", Cour de cassation (Civ. 1re), 9 septembre 2015, *Dans Revue critique de droit international privé*, 2016, pages 335 à 338.

法律地位，适用法国《民法典》第 32-1 条，原法国《国籍法》第 154 条。

法国《民法典》第 32-1 条（1973 年 1 月 9 日第 73-42 号法令修改）　自阿尔及利亚地区宣布自治之后，具有阿尔及利亚国籍的人，在法国具有一般的民事法律地位。

其他地区的法律适用则需要经过法国国籍法的确认。1973 年 1 月 9 日，法国取消了这种优待，由对法国国籍的宣告重返权所取代。1993 年 6 月 22 日法律没有重新给予这项被废止的权利，但是保留了对其配偶与子女的宣告重返权。

第二，关于国籍冲突的条约。这类条约的产生是为了防止国籍冲突，如 1947 年 1 月 9 日法国与比利时关于已婚妇女的国籍问题协议。但法国没有批准 1930 年 4 月 12 日在海牙签订的《关于国籍法冲突的若干问题的公约》，其内容是调节军人因多个国籍而导致的多重义务。欧盟由于区域内交往频繁，引起了日益增加的多重国籍问题。但已经达成的欧洲议会框架下的 1963 年 5 月 6 日《关于减少多重国籍情况并在多重国籍情况下的兵役义务的（欧洲）公约》仍然反对多重国籍。

3. 关于国籍冲突

国籍冲突产生的两个主要原因是国家主权的独立和国家解决国籍问题的多样性。国籍冲突的形式包括国籍的积极冲突和消极冲突。积极冲突指一个人具有多个国籍的情况，消极冲突指无国籍人的情况，这两种情况都是需要防止的。

多重国籍对其拥有人而言有利有弊。有利方面首先表现在多重国籍可以申请到多国护照，多国护照意味着当事人享有多国的外交保护，并且使得其在国际上的流动更加便利。其次，作为国家公民的权利互惠增加，其在取得国籍的每个国家都享有国民地位。与之相应，多重国籍也带来不利的一面。首先，多重国籍导致多重责任，如在多国面临服兵役的义务；其次，个人的身份地位变得不易确定。在法国，个人的身份地位问题由当事人的本国法确定，但是当本国法指向多个国家的时候，判定的困境随之产生。

关于国籍积极冲突的解决，最为简便的方式是在各公约约束下，选择退出法国国籍。这是由法国《民法典》第23-4条、原法国《国籍法》第91条所规定的。

法国《民法典》第23-4条（1973年1月9日第73-42号法令修改）　拥有法国国籍的人，包括未成年人，如若获得外国国籍，则拥有依申请丧失法国国籍的权利。申请应当向法国政府提出，由政府以政令的形式作出批准。[1]

国籍的积极冲突自然导致法律冲突。冲突的形式包括由外国国籍引起的冲突和法国国籍与外国国籍之间的冲突。在有两个或两个以上的外国国籍产生冲突的情况下，法官必须积极寻找和利用有效的国籍，在实践中，常常导致法官依照自己的价值取向进行选择。当冲突发生在法国国籍和外国国籍之间时，法国法官当然更加倾向于选择法国国籍法作为依据。在法律冲突的情况下，如果一个国家有主管法院，法官需要衡量案件与有关国家的联系，适用与案件有最密切联系的国家的法律，以期实现私法的最大公正。从这个角度看，法院地法的适用并非一定是特权，而根据一个人的国籍指定的外国法可能更有效地服务于国际私法的最终目的。

在国籍的消极冲突状态中，无国籍所带来的不利因素是显

---

[1]　Mélanges Savatier, *le droit français de la nationalité*, Dalloz, 1965, p. 513.

而易见的。一般来说，无国籍人由其本来的国家法律管辖。可是，无国籍人在被本国驱逐，不受外交法律保护并且没有法律途径获得护照时，事实上无法得到本国法律的保护。1954 年《关于无国籍人地位的公约》旨在改善受政治迫害的无国籍人的状况。在法国的法律实践中，在缺乏当事人的本国法的情况下，法国适用其居住地的法律。

（三）法国国籍法的更迭

法国《民法典》受血统主义学说的影响，采取了父系血统主义法律的制度。1927 年 8 月 10 日的法律是法国第一个关于国籍法的法典。该法旨在给予在战争期间出生的人最低的入籍标准，对于移民到法国并在法国建立家庭的外国人给予法国国籍。1938 年到 1945 年期间的法律以提高外国人加入法国国籍的难度为趋势而出名。政府提高控制的结果加速了当事人权利的丧失。1945 年出台了新法国《国籍法》，并于同年 10 月 19 日颁布实施，该法以内容详尽（共有 151 个法条）、体系科学（逻辑严密）、管理有方（由专门机构法国部长级民事事务部门负责统管）而著称。[1]在内容上，为了适应战争结束随之产生的社会重建工作和满足日益增长的移民到法国的外国移民和家庭的需求，该法提供了不少便利。但是，这样的规定使那些真正出生于法国的人不满。1986 年法律的出台使拥有法国国籍的人数明显增多，于是移民政策成为社会争论的焦点。而为了尊重公共意愿，法国迅速调整了相关法律，包括对收养、婚姻和国籍取得进行了修改，但因为修改过于仓促，由这些条款所引起的争议现在还未平息。

1987 年 6 月 22 日，法国成立了国籍委员会。该委员会首创

---

[1] Jean Derruppe, Jean-Pierre Laborde: *Droit international privé*, 16eed, DALLOZ Précis, 2008, p. 342.

以电视传媒的方式，广泛收集观众的意见。在汇集了众多意见之后，委员会的工作取得了卓越成效。国籍委员会在 1988 年 1 月 7 日作出了工作报告，名为《作为法国人的现在和未来》，内容包括法学专家和观察员提出的 59 条建议。这些建议导致了后来法国国籍法的诸多变革。

1993 年之后，法国分别于 1998 年 3 月 16 日、2003 年 11 月 26 日和 2006 年 7 月 24 日出台了新法，不断进行细微的改动，并针对自由的含义进一步作出了限定。正如我们所见，法国的国籍法还没有摆脱政治的调控。

1998 年 3 月 16 日法律的出台是为了解决第二代移民的国籍问题。在此之前法国没有法律规定在法国出生，而父母是外国人的子女的法国国籍取得问题。1993 年的修正案依据国籍委员会的建议，提出了依申报取得的程序。1998 年法律恢复以往采用的法律模式，即在大多数要素都符合的情况下，当事人依申请自动取得或者宣告取得法国国籍。

2003 年 11 月 26 日法律的转变是，对法国国籍的取得和丧失采取严格倾向。首先，共同生活的条件由原先的 1 年修改为 2 年以上。学者认为 2003 年的法律更加自由，定义更加边缘化。自 2003 年 11 月 26 日法律颁布之后，法国《民法典》第 17-4 条中"法国人"的含义开始包括在法国的宗主地，在海外的一切版图，以及在新加勒多尼亚（Caledonie）地区以及南半球和南极洲的法国人。对于出生国籍，法国《民法典》第 17-1 条规定适用于规则生效时的所有法国成年人；对于国籍的取得和丧失，需要适用申请时的相应法律，依据的申请或者丧失国籍的原因事实产生的时间的法律。2006 年 7 月 24 日法律将前述因结婚而申请国籍的条件改为共同生活之后 4 年，第 5 年具有申请资格。这一举措，明显是为了减少以婚姻为手段获取法国国籍的可能性。

（四）法国国籍的拥有

法国国籍的获得分为因出生和因申请取得两种方式。

1. 因出生而取得法国国籍

因出生而获得法国国籍的情况，即父亲或母亲是法国人，并且出生在法国而获得法国国籍。法国《民法典》第18条规定了如下条件：第一，父亲或者母亲是法国人；第二，子女是合法且自然出生的。1976年10月22日法律将因收养而获得的子女也视为具有同合法且自然出生的子女同等的法律地位。

法国《民法典》第18条（1973年1月9日第73-42号法令修改）凭借亲子关系获得法国国籍系父母至少一方为法国人的法国子女。

因出生而取得法国国籍，对出生地在法国进行了严格限定。对父母并非都要求是法国人，若子女在外国出生，则失去了依出生而获得法国国籍的权利。这一举措鼓励家庭内的国籍多样化，并且能阻止法国人口的过度增长。

法国《民法典》第18-1条规定了拒绝入籍的情况。1973年法律改革废除了父系血统主义制度，只要求父母一方为法国人即可。拒绝入籍的情况，是指父母一方为法国人，但子女在国外出生，即不具有法国国籍。这一规定假设，在该外国出生，子女则具备申请该外国国籍的条件。

法国《民法典》第18-1条（1973年1月9日第73-42号法令；1993年6月22日第93-993号法令修改）然而，如果父母一方为法国人，子女不在法国出生，则在其成年前的6个月及接下来的12个月内宣告丧失法国国籍的申请权。

法国国籍法也规定了归属于在法国出生的情况。在法国出生是申请法国国籍的必要条件，但不是充分条件。[1]归属于在法国出生包括以下两种情况：

第一，法国《民法典》第 19 条规定，子女在法国出生而父母身份未知的可以归属于法国国籍。如果亲子关系建立在未成年人具有外国国籍期间，则子女不再具有申请法国国籍的权利。这是出于对已经获得的外国国籍的尊重。另外，1973 年法律规定了子女不能同时具有其他国家的国籍。但在父母系无国籍人，或者父母具有外国国籍，而该外国国籍法拒绝在法国出生的子女入籍，则都归属于在法国出生。而法国《民法典》第 19-1 条第 2 款规定，父母在子女未成年时，向外国申请国籍而希求改变法国国籍，则子女视为不具有法国国籍。

第二，法国《民法典》第 19-1 条规定，父亲或者母亲中的一方出生在法国，子女在法国出生的可以归属于法国国籍。这种两代都出生在法国的情况，可以被看成是家庭已经有两代连续生活在法国境内，并且融入了法国的社会生活环境。而这一规定也是有例外的。首先，系外交部门或者领事机关人员的子女。其次，并非适用于父亲或者母亲工作于法国境内的某一国际机构。因为，"法国化"是加入法国国籍的基础，在上述情况中，此基础不存在。可是，这种情况下出生在法国的子女，父母仍能够为其申请法国国籍的权利，以居住在法国并且出生于法国为依据而申请。

在如下情况中，如果表明是由于没有主动申请法国国籍而造成的没有法国国籍，则不再具有申请资格。第一，已经因为亲子关系而具有一个外国国籍。这是为了避免无国籍人的产生，

---

〔1〕 Julie Clavel - Thoraval, *Les indispensables du droit international privé*, Plein Droit, 2019, p. 348.

因为某些国家的法律认为亲子关系是更加有效力的确定国籍的因素，而将那些因为申请法国国籍的本国人视为无国籍人。第二，期限。在即将变为成年人的前 6 个月内以及接下来的 12 个月内，即 17 岁半至 19 岁之间。第三，因放弃法国国籍而丧失。作为法国人的父亲或者母亲在规定期限内没有为子女申请法国国籍；或者，父母双方都并非出生在法国，但是其中一方在子女系未成年人期间取得了法国国籍。在子女未成年期间放弃申请，被看成是做出了拒绝申请法国国籍的明确表示或者行为。[1]

关于申请法国国籍的能力与形式要求问题，法国《民法典》第 17-3 条规定了申请法国国籍的能力要求。16 岁的子女具有自己选择是否加入法国国籍的自由。6 岁以下的子女需要其父母中的主要监护人进行代理申请。法国《民法典》第 26 条规定了申请法国国籍的形式要求。第一，宣告要求。要求由法官宣告或者外国的执政官宣告。由宣告而发生效力的规定于法令中生效，形式依照相关案例中的规定。第二，登记要求。所有国籍的声明必须由有管辖权的法官作出或者由外国的相关执政官作出，否则无效。拒绝入籍申请的动机必须是缺乏法定条件。上诉由大刑事法庭负责。登记后的 6 个月为审判失误的判定期（在婚姻案件中的期限为 1 年）。登记被视为有争议的为在 2 年的期限内，公共机构发现法定条件不符合。

2. 出生后申请加入法国国籍

如果获得法国国籍是为了特定的法律规避，则是无效的。而且对那些非法在法国境内居留以及按照不合法的方式取得居留的人员也同样无效。法律规定法国国籍分为依出生和居住取得、

---

[1] Elise Ralser, "De quelques règles de preuve en matière de nationalité", *Dans Revue critique de droit international privé*, 2018, pages 801 à 809.

依收养取得、依家庭影响取得，以及向公权力机关申请入籍。

第一，依出生和居住取得。依出生和居住取得法国国籍也存在特殊情况，如加入法国军队。所有在法国出生的有外籍父亲或者母亲的未成年人，在其加入法国军队的时候即获得法国国籍。在特殊情况下取得法国国籍的权利由 1999 年 12 月 29 日第 99-1141 号法令创设。"为法国服军役的外国人"在执行任务时导致伤残的，其法国国籍以简单政令得以取得。另外，依据法国《民法典》第 22-1 条的规定，上述人员的子女也能够获得申请法国国籍的优待程序。1889 年 6 月 26 日法律，受到加强军队建设思想的启发，即避免出生于法国的外国人以非法国国籍的借口而拒绝服法国兵役的义务，规定在法国出生的以及完全居住于法国的人在服兵役的情况下可以自动获得法国国籍。

法国国籍法区分了两种加入法国国籍的情况：首先，成年后自动取得须在法国连续居住 5 年以上。这样规定的目的在于以减少人口的方式来保证现有法国公民的个体自由。成年后自动取得的条件包括：在法国出生和居住。在法国出生也包括在法国的宗主地区出生。在法国居住，指的是在以法国为惯常居住地连续居住，或者非连续居住在 11 岁之后少于 5 年。其次，未成年时通过宣告取得。这种情形下的取得条件是子女出生在法国，居住在法国并且在法国有固定居所，该固定居所要求必须是 11 岁后连续 5 年连续居住的地方。宣告必须以子女的名义作出，在 13 岁之后子女取得其自己的同意权。在法国的固定居所要求是 8 岁后连续 5 年居住的地方。这种针对第二代移民，即在法国出生的，拥有外籍父亲或者母亲的子女的国籍取得，已经成为 1986 年法律改革的中心问题。因为，减少入籍的法律在实践中未取得良好运行效果，法国已经反对自动取得国籍的形式。有一部分自动取得法国国籍的人并不知情，也没有意愿并且没有适应法国的社会生活文化。故法国在 1986 年法律计划中取消了自动获得法国国籍的形式。

国籍委员会坚持个人对国籍的选择权。申请法国国籍必须出自个人自主的决定。这种思想要求取消父母宣告的权利。于是，法律规定 16 岁至 21 岁的个体需要自己选择是否加入法国国籍，选择须以通知形式作出。选择通知的形式是简单化的，而政府如果拒绝则需要法定理由。1998 年 3 月 16 日法律恢复了在成年时自动获得法国国籍的规定。为了推及个体取得国籍的自由，1993 年法律已经规定了公示原则。正如国籍委员会所期待的，这是通过法律来规定公示的必要性。1998 年法律维持了这种公示，这种公示需要递交到特定的机构。此外，这种公示的方式在 1998 年 8 月 20 日第 98-712 号政府令中被详细规定，登记的基础原则也得到了细化。

第二，依个人状况取得：收养、婚姻、资产。收养分为完全收养与简单收养。完全收养属于自动取得国籍的方式，在收养之日成立。为了强调孩子的血亲关系，1976 年 12 月 22 日法律设置了一项国籍申请要求区分法律关系和血亲关系的规定。简单收养属于依申请取得法国国籍的情况。条件为收养人是法国人；被收养的未成年人在法国居住。1998 年后被收养人在法国居住的条件被取消，因为法国人申请已经在法国居住的小孩加入法国国籍的情况很少见。简单收养的申请方式为按照相关国籍法的要求在子女未成年时宣告申请。

对于因婚姻关系而申请法国国籍的情况，法国《民法典》鼓励婚姻关系中双方的国籍统一。这是指具有法国国籍的人同具有外国国籍的人结婚的，鼓励拥有外国国籍的人加入法国国籍，或者具有法国国籍的人加入该外国国籍。为了避免法国人在涉外婚姻关系中丧失法国国籍，1927 年 8 月 10 日法律规定婚姻关系不作为法国国籍丧失的条件。这一规定既强调法国人不因为婚姻关系丧失法国国籍，也明确另一方不会因婚姻关系而获得法国国籍。1945年法国《国籍法》给予了妇女自由选择的权利，由此导致了人口增长过快。于是，如若结婚的目的是获得法国国籍，则与妇女自由选择权利的精神在根本上是违背的。1973年1月9日法律重申了国籍独立的原则。依据法国《民法典》第21-1条"婚姻不改变国籍"的规定，这种因婚姻关系而申请法国国籍的情况，已不再区分男性或者女性的差别待遇。而在法律实践中，这种婚姻关系中既鼓励加入法国国籍，又鼓励加入外国国籍的双重适用的法律规则，导致了迁就婚姻，事实上将双方置于法律地位不平等的状态。之后，1984年3月7日法律又作出修订，要求夫妻一方的法国国籍的申请，必须在婚前6个月内作出。但此修订与欧洲共同体的法律统一化的要求相违背，于是1986年法律又作出简化申请程序的决定。但法国国籍委员会仍坚持认为，申请法国国籍需要在婚前提出。

因婚姻关系而申请法国国籍的取得条件，由法国《民法典》第21-2条规定。内容如下：其一，外国人与法国男性或者女性结婚，需要依照法国《民法典》的要求进行登记；如果离婚则丧失法国国籍，除非是出于善良原因。离婚不影响子女的国籍。其二，已经结婚4年到5年。2003年11月26日法律通过制定新规则，遏制外国入籍人口不断增多的现象。其三，已经充分适应法国的生活。法国《民法典》第21-2条明确了这一规定，后来被2003年11月26日法律所更改。这要求申请入籍的人必须已经很好地适应了法国的生活，其中的一个表现就是对法语的掌握足够充分。

因婚姻关系而申请法国国籍的程序，同其他国籍申请程序原则上相同，即适用前述法国《民法典》第21-2条规定的登记公示规则。法国《民法典》第 26-3 条第 4 段规定了，如果政府拒绝申请，则必须在 6 个月的期限内作出。法国《民法典》第21-4 条对政府拒绝入籍的权力作出限制。政府能够依据不尊严的、不适应的或者语言问题而反对因婚姻关系而申请的入籍。反对必须在收到申请之日起的 2 年内作出。

因个人状况申请法国国籍的情况，还包括在法国拥有产业。自 1973 年 1 月 9 日开始，法国《民法典》第 21-13 条规定，在法国拥有产业 10 年者可以申请入籍。入籍程序仍然适用法国《民法典》第 26 条的规定。[1]

第三，入籍。即向公权力机关申请获得批准入籍的情况。这是由法国《民法典》第 21-14-1 条所规定的，体现了法国政府对于外国人的申请的一种让步。为了防止入籍出现两种不利的情况，即法国人口的无限增多，以及入籍非出自本人意愿导致的社会不适应，由此给予政府审批的权能。申请入籍的条件包括一般条件和特殊条件。一般条件规定于法国《民法典》第21-22 条，即申请时的年龄应为 18 岁。并且，申请人必须亲临签字，必须在法国有固定居所，并且居住自申请时满 5 年以上的适应期。法国《民法典》第 21-23 条规定了关于入籍的道德要求，即入籍需要生活安康并且良善。申请人需要很好地适应法国的生活，并且对于法国非常了解，随后 2003 年 11 月 26 日法律还增加了对申请人法语的要求。按照法国《民法典》第 21-24 条的要求，上述条件必须全部符合才构成获准的条件。但是关于法语要求的规定有适用的例外，即在法国已经生活满 15 年或者年纪 70 岁以上的人。

关于 5 年适应期有规定减少的情况，按照法国《民法典》

---

[1] Elise Ralser, "De quelques règles de preuve en matière de nationalité", *Dans Revue critique de droit international privé*, 2018, pages 801 à 809.

第 21-18 条的要求，在以下两种情况下可以将 5 年的适应期减少至 2 年：其一，已经在法国学习法语 2 年，并成功地掌握了法语；其二，已经在法国致力于重要的工作。关于免去 5 年适应期与年龄的规定也有例外。特定外国人可以享有特别入籍的待遇，但是需要满足在法国具有惯常居所的条件，除此之外，需要满足 2006 年 7 月 24 日法律第 21-21 条的规定，即对法国作出了杰出贡献。这项过于宽泛的规定在上述法律第 21-19 条和第 21-20 条被列举说明：其一，加入法国的军队或者参加法国的志愿军；其二，为法国作出了特殊贡献；其三，属于政治避难的外国人；其四，来自法国原属的宗主地（包括保护国、托管地和监管地），1966 年 7 月 24 日法律已经规定了这一项；其五，来自法语区或者已经研究至少 5 年法语。[1]

关于公开申请入籍的程序，由法国《民法典》第 35 条以及 1993 年 12 月 30 日第 93-1362 号条例规定并经多次修改，内容如下：其一，申请。向国家入籍部申请，并呈交州政府部门以及居住地政府部门。其二，调查。州长负责敦促调查申请人的生活行为以及健康情况，调查结束后将材料送交国籍部，并附上自己的意见。其三，决定。决定由部长作出，需要在自申请开始后的 18 月内作出（如果申请人已经在法国居住 10 年以上，则需要在 12 个月内作出）。另外，决定可以在说明的情况下延长 3 个月再作出。其四，否决申请，法国《国籍法》规定了否决申请的情况，即缺少法定条件或者出现需要推迟的理由。按照法国《民法典》第 27 条的要求，所有不可接受、推迟，或者拒绝需要说明理由。否则，不合理的否决将受到行政法院的司法管辖。其五，法令规定入籍在签字生效后即由官方日报公示。

---

〔1〕　Grégoire Loiseau, "Chapitre 2. L'état des personnes", *Dans Le droit des personnes*, 2020, pages 74 à 110.

法令公示关涉以下两种情况：不符合申请入籍的法定理由（自公示后 1 年的期限）；决定由欺骗或者谎言取得（自谎言被发现之后起的 2 年为期限）。

值得注意的是，申请具有独立的法律效力。首先，申请具有对个体的效力，依据法国《民法典》第 22 条的规定，申请加入法国国籍的原则之一，即表示同意"自获得法国国籍之日起即取得了作为法国人的所有权利，并且要承担其相应的所有义务"。2004年 8 月 13 日法律第 21-14-2 条对法国《民法典》的第 22 条作了描述，如在巴黎生活，需要有良好的道德行为，交流自如，符合民法主体资格。其次，申请还具有共同效力，这由法国《民法典》第 22-1 条至第 22-3 条所规定。但即，获准法国国籍的效力自动及于获准人的子女，包括血亲的和收养的。这种共同效力于1993 年法律对该条款的修订中给予限定，即必须符合新的条件：其一，子女必须跟随父母共同居住于法国，除非和分居或离婚的父母一方在法国居住；其二，在提出申请入籍时，父母需要将子女的情况说明清楚；其三，例外。已婚的子女不具有入籍的共同效力权利；子女不出生于法国，或者在成年前 6 个月以及接下来的 12 个月内未申请的，视为放弃入籍的权利。

（五）法国国籍的丧失

法国国籍的丧失也是一个必须作出规定与解释的法律问题，可在实践中申请退出法国国籍的情况非常少。法国至今没有自动退出法国国籍的程序与规定。法国国籍的丧失只能缘于一项公开声明，或者一项政令、一个司法判决。[1]

1. 宣告丧失

第一，法国《民法典》第 23 条规定：在自愿申请取得一个

---

〔1〕 Elise Ralser, "De quelques règles de preuve en matière de nationalité", *Dans Revue critique de droit international privé*, 2018, pages 801 à 809.

外国国籍之后。自法国《民法典》产生以来，已经没有出现过由于多重国籍而自动丧失法国国籍的情况。这是因为，自 1889 年开始，法国政府就在为防止那些被强迫服兵役的法国人不履行作为法国公民的义务而申请其他国籍以自动放弃法国国籍而努力。1973 年关于法国《民法典》第 23 条修订的法律指出，作出法国国籍丧失声明需要法国的允许，包括申请外国国籍，为外国服务或者履行职能的行为，都需要得到法国政府的同意。

　　然而，这样的解决方式导致了事实上的多重国籍现象。由此，这一问题被写入了欧洲议会关于减少多重国籍的公约中，该公约于 1963 年 3 月 6 日签订于法国斯特拉斯堡。该公约认为，成员国境内的成年人具有自愿申请其他国籍的权利，由此也必然地丧失了在原国籍国的权利。1993 年 2 月 2 日关于上述公约的修正议定书出台，旨在解决因恶意而导致的多重国籍问题。总括来说，关于申请条件有如下规定：其一，申请人为成年人。其二，取得外国国籍的申请在通过外国法的审查之后进行，必须是真正符合外国国籍法的要求，出于本人的自由意愿。而以法国国籍无用为理由的放弃不能成立。由成年人按照法国的法律和国外惯常居住地的规定进行申请。放弃宣告的签署期限在申请外国国籍之后的 1 年内，形式上遵循法国《民法典》第 26 条关于国籍选择的相关规定。其三，未满 35 岁的法国人不能签署上述放弃法国国籍的公约，因为其必须依照法国《服务国家法典》的规定履行义务。并且国籍丧失的效力自获得外国国籍的日期开始。但是国籍丧失不产生任何其他共同效力，如针对子女的效力，其效力仅限于申请人本人。

　　第二，法国《民法典》第 23-5 条规定：在结婚之后。结婚之后丧失法国国籍的条件包括：一是，与一位外国男性或者女性结婚；二是，与配偶一同申请外国国籍；三是，惯常居住地在外国。因结婚对法国国籍宣告丧失同样依照法国《民法典》第 26 条的规定。宣告本身没有期限问题，但是，不能在婚姻解除之后作出。同样，未满 35 岁的法国人不能因结婚而丧失法国国籍，因为这是法国《服务国家法典》所规定的义务。因结婚而作出的国籍丧失宣告自宣告之日起发生效力，且效力不仅限于个人。

2. 政令宣告

第一，法国《民法典》第 23-4 条规定：由申请丧失。其一，所有法国人，包括未成年人，一旦具有外国国籍，即可以申请退出法国国籍。这一规定适用所有双重国籍的情况，包括依血统取得和依出生取得。其二，国籍丧失的申请如同入籍申请，作出拒绝需要法定理由。国籍丧失的授权由政令方式批准。其三，国籍的丧失自政令发布之日开始，没有溯及力和共同效力。

法国《民法典》第 23-7 条规定：有作为外国人的行为。其一，一个具有外国国籍的法国人，作出具有外国公民性质的行为；其二，丧失法国国籍的政令由国家委员会作出；其三，其国籍的丧失不具有共同效力。

第二，法国《民法典》第 23-8 条规定：拒绝放弃在外国的工作。一项 1961 年 2 月 2 日的命令，强调了对这种情况的限制，以及软化的处理办法。其一，为外国军队或者国家权力机关服务，或者加入到一个法国不是缔约国的国际组织，从事明显与法国国家利益有竞争关系的工作；其二，该行为是应该受到谴责的，并且违抗法国政府给出的在特定的时限内放弃竞争性的工作的要求，这一时限由 15 天到 6 个月内的规定，改为了在 2 个月内。其三，丧失法国国籍的政令由国家委员会作出，但是 1961 年命令授予部长委员会在国家委员会未能达成一致的情况下提议的权力。该政令的效力也同样在作出之日起生效。

第三，法国《民法典》第25-1条规定：由权利丧失。该条的规定仅作为管制的方法，与法国《民法典》中所阐释的其他方法相区分，仅在个人行为损害国家尊严的情况下适用。其适用范围包括：其一，在出生之后取得法国国籍；其二，在申请法国国籍之前犯下的应被谴责的罪行（2003年11月26日法律增加的规定）或者在申请的10年之内。

由权利丧失国籍的条件如下：其一，由权利丧失引起的法国国籍丧失不适用于无国籍人，丧失者至少具有一个外国国籍。其二，权利丧失的情况包括行为人犯有刑事罪行以及危害国家罪行或者恐怖主义罪行；行为人犯有危害国家公共管理的罪行；行为人以违反军令或者逃跑的行为积极维护外国利益，而作出明显违背法国国家利益的行为。其三，权利丧失的程序。权利丧失由国家委员会作出决议并发布政令。这一政令不能在行为作出之后的10年后作出。政令发布日期即为国籍丧失的日期。

3. 废止丧失

因废止产生的丧失国籍的情况基于下述事实，包括：首先，法国国籍是由血统获得，但国籍拥有人连续50年以上没有在法国居住；其次，国籍拥有人在法国出生，但从未在法国居住；最后，国籍拥有人的父亲和母亲均已丧失法国国籍。丧失需要由一项判决作出，判决的日期即为丧失国籍的日期。如果丧失国籍人的父母不再是法国人，法院应该举证。1993年6月22日关于法国《民法典》第21-4条修改的法律允许国籍丧失人依照法国《民法典》第26条所规定的方式重新申请国籍。这一权利的实现必须基于该人明确的申请和保留国籍的行为。

4. 国籍恢复

国籍的恢复包括由政令恢复和由宣告恢复。在法国由政令恢复国籍的人限于生而具有法国人资格的人，而非基于入籍。

这类人员可以在任何年纪以及没有适用居住时间的情况下恢复国籍。这类人员可以依照法国《民法典》第24-1条规定的程序申请。由宣告恢复必须基于与外国人结婚的关系，或者单独申请加入外国国籍的原因而丧失法国国籍的情况，以及向法国政府提出了明确的申请。国籍恢复的政令依照法国《民法典》第26条的规定作出。就国籍恢复的效力而言，恢复没有溯及力，而且适用于未满18周岁的未成年人，与取得国籍的规定情况相同。

（六）是否具有法国国籍：国籍的争端

在国籍的取得与丧失存在疑问的时候，就需要国籍的证明。特别是就法国而言，有关国籍的法律更迭频繁，由此，在遇到争议时判定是否为法国人就需要法律的证明方法。[1]

1. 证明内容

（1）法国国籍的证明。法国《民法典》第31条作出了国籍证明的一般规定。1945年法国《民法典》第149条肯定了法官对于法国国籍进行证明的权能。这不属于一项司法职能，而属于行政权能，并且保留了上诉到更高级别法院的权力。1955年2月8日第95-125号法令，把这项任务委托给了法院的首席书记官。这是为了在被拒绝作出证明的情况下，可以上诉到法院。在得到法院的指示情况下，书记员应该给予证明。此举有利于在有反对情况下的证实。法国《民法典》第28条第2段规定

---

〔1〕 效力似乎正在改变其在国籍方面的作用。它在国籍冲突和国籍国际对抗性问题上的传统作用实际上似乎受到争议，而且其有效性似乎无法反对对个人主观权利进行更仔细的考虑。相反，当这种关切能够证明个人与国家之间存在联系并可能导致对剥夺国籍措施提出质疑时，就会加强对有效性的考虑。这一发展可能反映出国籍本身的深刻变化。Étienne Pataut，"Contrôle de l'État ou protection de l'individu? Remarques sur l'effectivité de la nationalité"，*Dans Revue critique de droit international privé*，2021，pages 747 à 771.

了，第一次作出的法国国籍证明需要提交出生证明的相关文件。1972 年 3 月 22 日法律规定需要提交由当事人附近的行政管理部门或者市政厅出具的"法国国籍居民表"，此表由当事人本人到负责部门出示身份证领取。这一规定被 2000 年 12 月 22 日法令所废除，随后，当事人领取表格时出示身份证的复印件即可。法国《民法典》第 30 条就证明义务的责任归属给予了确定。证明的义务由被告，即与国籍有关联的人负责，这更便利于收集证据的要素。证明义务归于被告，还因为其与需要证明的法国国籍直接关联。[1]

关于证明的形式，原则上应按照法律规定直接证明所有情况。包括，其一，国籍取得。根据国籍的决定或者宣告；或者依据存在的事实进行证明，如在法国出生，在法国居住，参加了法国的军队等事实。而司法人员在这种情况下如果不能提供当事人放弃法国国籍的文件，则视其仍具有法国国籍。其二，出生地国籍。在多数情况下，法国国籍都是通过血统和出生地归属原则来证明的。而如果缺乏血统与出生地的证据，则基本没有证明法国国籍的可能。当事人在法国出生，其父母也在法国出生，这种两代在法国出生的事实可以证明法国国籍的实有。值得注意的是，这种方式不利于那些父母出生不明的人来证明自己的法国国籍。另一种情况是，不在法国出生的人，其父母也不在法国出生，则依据当事人或者其父母在法国所拥有的财产来判定。判定时除了考虑当事人在法国的财产，还要考察其社会行为是否法国化。

（2）外国国籍的证明。证明是外籍包括两种情况，即证明为非法国人与证明为外国国籍。其一，非法国人的证明。这要

---

〔1〕　Karine Parrot, "Nationalité Condition des étrangers", *Dans Revue critique de droit international privé*, 2011.

求有能够证明当事人已经丧失法国国籍的情况，如当事人有丧失法国国籍的行为（如前述申请退出法国国籍）即能够确定其为非法国人。另一种情况是，推定丧失法国国籍的情况，即依据法国《民法典》第30-4条所规定的要求，当事人不具有任何能够证明其拥有法国国籍的条件，则推定其为非法国人。其二，确定的外国国籍证明。参照外国法律证明的义务：如果当事人的外国国籍被该国否认，则不能证明该国籍的拥有。另外可能的情况是，依据法国最高法院的判决，法院可以用所有方法证明，但是这种方法容易被法国的偏见所影响。

2. 证明步骤

在管辖权方面，原则上依据法国《民法典》第 29 条的规定，即判定法国国籍或外国国籍只能由民事法庭的公权部门负责。对于其他法庭来说，遇到国籍判定的问题，即属于先决问题，应当在此问题被判定之后才开始行使管辖权。大审法院就该问题的最终管辖权已由法令所确认。但该原则也有例外，即在一些重大的刑事案件中可能涉及国籍判定的情况下，为了不使原本复杂的案情更加难以处理，不采用一般程序。[1]

第一，程序。出示由代表国家的履行国籍事务的公职部门所作出的证明；以及由法国国籍的负责机关进行再次确认的行为的可能，或者作出相反证明。传讯与申请由司法部门作出。法庭不能在此日期的 30 日前通知。一般情况下，该日期为 10 个工作日，即关于国籍的指正的电子材料到达司法机关时的 10 个

---

〔1〕 国籍原则在许多欧洲国家始终发挥着重要作用。这一传统也可以在委员会的文件和提案中看到，然而，欧盟法律似乎从 50 多年前成立之日起就真正拒绝将国籍作为连接国家法律和共同体法律适用领域的要素。这种拒绝和欧盟立法政策的倾向正在产生永久性的紧张局势。Jürgen Basedow，"Le rattachement à la nationalité et les conflits de nationalité en droit de l'Union européenne"，*Dans Revue critique de droit international privé*，2010，pages 427 à 456.

工作日之后。这是为了总领事馆有充分的时间对相关资料进行审核。

第二，决定的效力。决定的效力是针对所有人的。决定需要依从法律的精神而作出。这需要在负责国籍的行政部门作出的调查的基础上，再由民事法庭进行确认。依据法国《民法典》第29-5条，任何第三方都能就相反的意见进行上诉。

现代国籍的概念源于现代国家的产生。国际规约确立了现代国际社会由各个主权平等的国家构成的局面。基于这种平等，各国私法上的人，具有各个不同国家国籍的人，才有了国际交往中平等的法律地位。国际私法意义上的国籍亦构建于此种"平等"之上。国际私法的主体是私法上的人，包括内国人和外国人。要确定国际私法的主体是内国人还是外国人，首先依据各国的国籍法。法国在互惠原则的基础上，认为判定国籍的问题属于各国主权问题，自然适用各自的国籍法。法国国籍法融合了法学和社会学意义上的观念，考虑到了作为法国人所应该具有的民族传统、民族意愿、民族感情和共同利益。"法国人"指具有法国国籍的人。这种身份的形成或者基于出生，或者在法国生活，此外，还包括尚未丧失法国国籍。法国国籍的丧失包括因宣告、政令和废止丧失三种情况，而丧失的国籍还能通过政令和宣告恢复。法国有关国籍的法律更迭频繁，在遇到国际争端时判定是否为法国人需要法律的证明方法。证明内容包括法国国籍的证明和外国国籍的证明。在证明程序问题上，管辖权归于民事法庭的公权部门，对于其他接受此类问题的法庭而言，国籍的证明属于先决问题。该部门作出的决定的效力，是普遍效力。但是，第三人仍然具有关于此问题的上诉权。

二、互惠原则在法国外国人地位法律中的一般适用

互惠原则是外国人地位法律的基本原则。法国给予在法国

的外国人以在该外国的法国人所获得的同等权利；法国《民法典》第 11 条针对外国人的地位作出了总括性规定。

法国《民法典》第 11 条　外国人，如其本国和法国订有条约允许法国人在其国内享有某些民事权利者，在法国亦得享有同样的民事权利。

互惠原则是法国对境外的本国人给予保护的根本原则，是以自己的法律规定来促使相对国家给予法国同等利益的合作方法。如果相对国家不给予在其境内的法国人以相应的民事权利和地位，则在法国境内的相对国家的国民也无法具有这些权利和地位。

公元 20 世纪中期开始，法国人在外国的基本法律地位与该外国人在法国的地位一直处于不断协调的状态，这主要由以下四个原因造成：其一，因战争与本国人减少导致的人口下降；其二，由特定遗弃行为所导致的人口不平衡现象；其三，大量难民的涌入；其四，南北半球经济发展不平衡的影响。法国政府自公元 20 世纪后期开始，在政策方面侧重对入籍的控制与管理。由于 1970 年之后，对经济危机所导致的高失业率的担忧，法国一直致力于协调人口与经济的平衡发展。对外国人入籍的政策强调规范入籍人口的准入条件，对在法国的外国人的居住实行入境批准制度与居住管理制度。没有准入文件的外国人被视为非法入境，而不具有独立的法律人格。[1]

（一）自然人

有关外国自然人在法国的行政管理政策，针对所有来法国

---

[1]　Kristian Kühl, *Le droit naturel et le droit de la raison*, *Dans L'Évolution de la philosophie du droit en Allemagne et en France depuis la fin de la Seconde Guerre mondiale*, Presses Universitaires de France, 1991, pages 245 à 268.

生活的外国人，更准确地说是来法国领土的外国人。他们来法国居住然后离开的整个生活活动，都有日益详尽的管理程序。而在欧盟境内，其人员的流动更加便捷。外国自然人在法国的权利与所注册的财产，在现代都趋于适用更加富有自由精神的政策。作为政治组织形式的自由精神的政策，由人类学之父希罗多德（Herodotus）开始诠释。这种自由的具体含义是：公民在无统治的状态下共同生活。这个无统治指的是不被别人统治，不被与自己一样共同作为"人"的人所统治。而秩序的维护是依照法律来实现的，这个法律是社会共同体公共意志的体现。表达"无统治"的词是"isonomy"，该词最初的意义是"法律的平等，法律面前人人平等"。由此，作为政治组织形式的自由与法律的平等同源。"isonomy"是法律之内的平等，是结成一体的平等人之间的平等。正因为人生而不平等，才需要一种人为的制度城邦约定其内部的成员平等。这种平等意味着仅在这个特定的政治领域中，人们作为法律下的公民而非生物学意义上的"人"与他人相遇。所以，"isonomy"是城邦的属性而非作为个人的属性。希腊人坚持认为，除非置身于平等人之中，否则就没有自由可言。不同国家的人在其出生之前就已经被其本国法律所预设了身份。基于各国法律之不同，不同国家的人与人也自始成为不同的法律人。在现代国际社会中，这种"平等与自由"已经获得了文明国家的广泛认同，在国际规约中处处都体现着它的精神。[1]法国原则上承认外国人的完整的法律人格，及其在本国所享有的所有权利，当然，这仍涵盖在法国自19世纪所开始坚持的"互惠原则"之下。

第一，外国人在法国的居住。关于外国人在法国居住的法

---

〔1〕　Aliénor Ballangé，"Bonne gouvernance ou post-de'mocratie？"，*Dans Politique européenne*，2021.

律，法国认为属于公法范畴，因而必然适用法国法，依据互惠原则，法国人在外国居住，也应当适用该外国的法律。目前法国对此所适用的主要法律文本为《外国人准入居住和收容法典》（Code de l'entrée et du séjour des étrangers et du droit d'asile，以下简称《Ceseda 法典》），该法典于 2005 年 3 月 1 日生效。关于外国人准入的条件，由 1945 年 11 月 2 日第 45-2658 号法令所规定，内容为"法国关于外国人准入和居住的条件"。该法更迭频繁，分别于 1981 年、1986 年、1989 年、1993 年、1997 年、1998 年、2003 年、2006 年、2007 年、2009 年和 2010 年进行了修改。其为了适应《申根协定》的规定，在 1992 年进行了一次特别的修订，使法国法律符合《申根协定》的要求。所有这些法律的更动，都以使外国人在法国拥有更多自由的立法精神为目标。《Ceseda 法典》第二部分作出了关于准入条件的规定，分为三方面的主要内容，即准予入境的要求、拒绝入境的情况和置于等待区的规定。该法典第 211 条是关于准入条件和所需文件的总括性规定，该条款的第一部分是总括规定，第二部分是签证问题，第三部分是住宿证明，第四部分为其他文件要求。《Ceseda 法典》第 211-1 条规定所有进入法国的外国人必须：其一，具有符合国际条约和现行法规定的护照和文件；其二，在国际公约的保留项下，关于住宿证明文件规定的第 211-3 条规定，如果需要的话，包括其他由国家委员会要求的证明文件，一方面是为了居住环境和住宿类，另一方面是有关生活来源和条件，即能够支持生活和医疗保险的费用，包括社会福利以及治疗费用，保证申请人在法国期间的费用与离开的能力；如果与职业相关，则需要提供与此相关的证明文件。《Ceseda 法典》第 211-3 条规定任何外国人申请在法国居住 3 个月以内的，不论是参观或是私人住宿，都需要提供相应的证明材料。该证明材料需由欲在法国住宿地方的法定代表人提供并签署，或由行政部门证明。该住宿证明需根据 1990 年 6 月 19 日签订的《申根协定》有关私人住宿家庭的要求制作。签证由法国使领馆签发，依照以往的法律原则上拒绝签证申请不需要拥有动因，但自 1998 年 3 月 11 日法律修改之后，对在《Ceseda 法典》第 211-2 条项下的人员所提出的申请依据国家条例应被特殊考虑。

《Ceseda 法典》第 211-2 条（节选）　欧盟成员公民的家庭成员；法国国民的配偶，未满 21 岁的子女或者依赖其抚养的子女和上辈直系亲属；法国公民通过合法的手续收养的未成年子女；为与家人团圆而提出的申请；已在法国获得工作并且从事带薪职业。

《Ceseda 法典》第 213 条是关于拒绝入境的规定。2000 年 11 月 16 日的法令规定了有关签证被拒签之后的申诉问题。依据该法令，申诉可以向外交部提起。签证的种类有多种，主要有短期签证和长期签证。依照《申根协定》的规定，短期签证是指不超过 3 个月的签证，而长期签证则指多于 3 个月的签证。《Ceseda 法典》第 213-1 条由 2006 年 7 月 24 日第 2006-911 号法令所修改，强调了"任何对法国的公共安全可能造成威胁"的人是不允许进入法国的，对这类人法国政府将以下达"驱逐令"的方式拒绝其入境或者要求其离境。

2007 年 11 月 20 日第 2007-1631 号法令修改了《Ceseda 法典》第 213-2 条，依据这一法令，所有对申请进入法国的拒签都必须出具书面的拒绝动因。这一决定必须提前告知当事人及其所属使领馆。如果当事人要求庇护，也应当依照规定的时间与方法进行决策或者通知上级部门。如果该外国人不会讲法语，则将适用第 111-7 条的特殊规定，即需要告知其所能使用的语言进行有效沟通，或者表明该外国人能够看懂法语，而在不能获知其所知道的语言的情况下，以法语为准。并且，拒绝入境是由行政强制力保证执行的。[1]

　　当事人被拒签，或者被驱逐的时候，将出现置于等待区的情况，这一情况由《Ceseda 法典》第 221 条调整。2007 年 11 月 20 日第 2007-1631 号法令修改了《Ceseda 法典》第 221-3 条，新法规定置于等待区的时间不能超过 4 天，并且作出置于等待区的决定必须合法和具有书面的动因说明。该 4 天的起算时间为当事人获得拒绝入境通知的当天，或者决定对其进行拘留的命令下达的当天。这一时间需要立即告知检察官，由检察官向相关外国通报这一情况，如果法国当局作出拒绝入境所依据的事实被证明是真的，则维持置于等待区的命令，除非该外国提供相反的证明。2006 年 6 月 24 日第 2006-911 号法令规定了未成年人没有监护人的陪伴不能擅自进入法国境内，在行政人员不能立刻找到未成年人的监护人的情况下，该未成年人将置于等待区。

　　依据 1985 年 6 月 14 日适用《申根协定》的规定，申根国家的人员进入法国只需要作出一个简单宣告，在被拒绝入境的情况下，该外国也可以同样拒绝法国的公民入境。截至 2023 年 1 月，申根国家增加到 27 个：奥地利、比利时、丹麦、芬兰、

---

　　[1]　法国法院指出自 2003 年 11 月 26 日第 2003-1119 号法令出台以来，在法国合法居住超过 20 年的外国人不能受到驱逐，除非其行为可能损害法国的法律。损害法国的行为被列举为：损害法国的根本利益，或者参与恐怖主义性质活动，或者构成对法国境内特定个人或群体的明确和蓄意挑衅歧视、仇恨或暴力的行为。该法修改了 1945 年 11 月 2 日第 45-2658 号法令中有关外国人权利的条款，这些条款随后编入《Ceseda 法典》第 L521-2 条及后续条款，并在法国《刑法典》中插入了新条款（第 22 条和第 25 条）。这些规定适用于一类外国人，由于其在法国的社会、家庭和文化联系，他们受到几乎绝对的保护，免遭驱逐出境的额外处罚。Karine Parrot，"Nationalité Condition des étrangers"，*Dans Revue critique de droit international privé*，2011.

法国、德国、冰岛、意大利、希腊、卢森堡、荷兰、挪威、葡萄牙、西班牙、瑞典、匈牙利、捷克、斯洛伐克、斯洛文尼亚、波兰、爱沙尼亚、拉脱维亚、立陶宛、瑞士、列支敦士登、马耳他和克罗地亚。欧盟的发展推进着国际私法立法的进程，许多旨在制定关于管辖权冲突和法律冲突的统一规则的立法都证明了这一点。在若干商法条例颁布之后，欧盟委员会的立法重点是朝国际私法和统一民法的方向发展。

第二，外国人在法国的私权利。互惠原则是一般性的解决方法，即适用法国《民法典》第 11 条对外国人在法国的私权利的原则规定。在面对具体法律问题的时候，除了遵循上述方法，还应当依从以下两个路径寻找法律依据：其一，从法国国内法中寻找相关规定；其二，从法国承认的国际条约中寻找相关依据。法国国内法中有关该问题的特殊法律包括：非遗产问题中的因居住取得的权利、因婚姻取得的权利、诉权；遗产问题中的权利包括不动产的相关权利（商业财产权、农业财产权、居住权恢复、家庭财产制度）；特定动产的相关权利（法国籍的船只和飞行器的权利）；知识产权（著作权、发明专利、外观设计、商标权）；职业权，即取得工作的权利、保护工作的权利与获得协助的权利、代表个人的权利。法国签署的国际条约已经难以计数，但对法国法庭而言直接引用国际条约判案是有限制的，而且引用的多为原则与一般规定的条款。这些条款包括那些转化为国内法的条款，对国家利益更有增益的条款以及双边条款。

法国作为欧盟的创始国，倡议缔结《罗马条约》的理想是将其国内市场纳入欧盟共同市场。这个目标需要确保经济资源在欧盟境内的自由流动，无论是商品、资本还是人力资源。因此，欧盟的终极目标几乎是要求成员国消除内国原有的那些仅给予特定国家的资源、优势或特权。《罗马条约》设立的自由流动的计划是根据基本自由权来实施的，其第 34 条和第 35 条是有关确保货物和资本"在成员国之间"自由流动的条款，同时也有有关"人员"的自由流动的条款。涉及"人员"（自然人和法人）的自由流动的条款无法回避各成员国关于国籍的本国法。依据互惠原则，如果本国国民享有超过成员国国民在境内享有的权利，而又拒绝给予成员国国民这一权利时，《欧盟运行条约》将视其为歧视性待遇，是违背欧盟法律的行为。但同时也可以看出，欧盟成员国公民与第三方国家公民之间的待遇有所区别是无可争议的。[1]总结欧盟有关个人自由的若干条款中使用国籍标准的情况可以看出，在界定自然人自由的实际适用时，国籍标准没有被精准界定。相对于第三方国家国民，其在欧盟境内自由权的判定，更多依赖于所涉法律事实与欧盟存在某种程度的密切关系以及第三方国家对欧盟国家给予的互惠对等待遇，如此才能赋予该第三方国家国民在欧盟境内的基本自由。

（二）法人

第一，互惠原则在公司法人国籍问题上的一般适用。法国在处理有关公司国籍的法律冲突问题中有如下方法：其一，准据法说。在判定公司成立和构成的准据法问题上，法国理论上一般依据选择性的冲突规范或称双边冲突规范。其二，享有权利说。关于法人的国籍问题，从法律理论上而言一直处于拟制人或者比照自然人而存在的状态。但是法人却提供着真实的社会服务，法人的国籍代表了它与某一国家的固定的法律联系。该理论是指，为了解公司的属人法，需要依据该公司希求享有

---

〔1〕 Fabienne Jault-Seseke, "L'article 32 du Code civil et la définition du Français originaire du territoire", Cour de cassation（Civ. 1re），9 septembre 2015, *Dans Revue critique de droit international privé*, 2016, pages 335 à 338.

的权利进行考虑。现代国际私法理论是要公平地考量"如何依据控制的概念来确定一个地点"。而困难在于难以找到一个没有争议的办法，目前的三种主要观点有：一是，尼伯耶在 1955 年法国《国际私法法典（草案）》中所提出的以控制说作为原则的法律标准，同样以享有权利说作为限定。这一观点被批评为使得法源本身具有巨大的不确定性。二是，一部分观点认为，应当尊重公司所在地国家的法律，给予法官裁量的权力，这是基于实际控制的原因。而在一些特殊的问题上，如果立法没有明确的表述，也可以参照这一方法执行。三是，其他观点认为，立法者不赞同那些虽然位于法国但其主要控制地在外国的公司适用法国法律。在这种情况下，只能在实践中采取更加灵活的办法。

实践中，依据互惠原则所使用的一般法律选择方法表现为在国际合作基础上，对各国的可预见性利益更有保证的方法：一是注册地说，即公司的法律关系的连结点在于其公司注册成立地。如对于英国来说，所有在英国成立的公司，都具有英国的国籍。二是公司所在地说，确定公司的法律关系的连结点为公司所在地的国家。这是指公司的主要业务实际开展的地方。该观点肯定了公司的人格导致其司法活动。以地点为依据适用法律虽然并非难事，但有时公司的真正位置与公司的所在地并非统一，在此情况下，为了避免法律适用上的错误，应以前者为连结点。当公司转变其所在地到其他国家时，其法人国籍也发生相应的转变。

共同体的法律也作了一些调整，但仍然以公司所在地的法律为主要依据。欧洲议会 2001 年 10 月 8 日第 2157/2001 号条例是关于欧盟境内的公司的法律地位的统一规定。该条例对新成立的公司适用其所在地的法律的基本规则进行了统一。依据该条例第 3 条，"匿名公司的法律适用其所在地国家的法律"；依据该条例第 10 条，欧盟的公司应当参照匿名公司的法律适用方法，适用其所在地国家的法律。《欧盟运行条约》各项条款对"人"的国籍阐释并不一致。但从该公约第 49 条第 1 款和第 56 条第 1 款的规定可以看出，只有成员方的国民才拥有注册成立法人和提供服务的自由权利。[1]根据《欧盟运行条约》第 54 条，依据成员方法律成立而且在欧盟内设有注册办事处的公司与成员方国民的自然人享有相同的设立权。在实践中，第三方国家国民会利用这一条款，在任一欧盟成员国境内注册设立公司，然后这一公司即可在整个欧盟范围内主张设立权。《欧盟运行条约》第 54 条和第 62 条可以确保上述公司获得在欧盟范围内自由提供服务的效果。因此，在法人的设立权和服务权的自由流动方面，虽然条约明确采取国籍标准，但无法达成有效和一致的实施。[2]

保罗·拉加德指出："国际私法中的自由原则需要更多地贯彻到成员国的公司中来，特别是必须始终坚持以公司的实际位置为判定标准。"这是因为，欧洲法院于 2002 年 11 月 5 日作出的关于荷兰 Uberseering 公司所提交案件的判决书宣称，依据《欧洲联盟条约》第 43 条和第 48 条，公司的成立依据其成立地的成员国国家的法律，而如果该公司移至其他成员国境内，则适用目的国的法律。而实践中，后一规定常常导致公司不具有法律能力。

从判例来看，在第一次世界大战之前，司法裁决的依据一般是公司的实际所在地。在第一次世界大战之后，法官对于控

---

〔1〕 Jürgen Basedow, "Le rattachement à la nationalité et les conflits de nationalité en droit de l'Union européenne", *Dans Revue critique de droit international privé*, 2010, pages 427 à 456.

〔2〕 Véronique Legrand, *Droit international privé*, Presses Universitaires de France, 2020, p. 189.

制说的使用非常犹疑，其在审理案件中尽量避免将控制说视为一种原则，这是为了防止那些实际上在敌人控制区的法国公司享有特定利益。在阿尔及利亚获得独立之后，法官又对使用公司所在地说开始犹豫。但是，法国最高法院肯定了公司所在地说的判定标准。法国最高法院的很多判决书中都有如下表述："原则上，公司的国籍由公司所在地来决定。"法国最高行政法院没有作出与法国最高法院类似的原则上的表述，但在处理财务关系的案件中首先以公司所在地为标准。

法国一直倾向于采取公司所在地说的标准作为立法与司法的基本方法，而控制说只在那些涉及法国公司的实际控制地在国外的情况下才作为补充。因为，公司所在地说的标准导致所关涉利益的相对确定性和可预见性，使得成员国之间的互惠利益易于实现。

第二，互惠原则在外国公司地位中的一般适用。法国法原则上承认外国法人在法国享有其在本国所具有的完整的权利。关于外国法人地位的承认有两个相关国际条约：其一，1956年6月1日海牙《承认外国公司、社团和财团法律人格的公约》，至今尚未生效，因为没有足够的国家予以承认。其二，1968年9月27日《布鲁塞尔公约》，全称为《关于民商事案件管辖权及判决执行的公约》，所有欧盟成员国都加入了该公约，目前该公约正在成员国的批准进程之中。在外国法人的权利享有问题上，法国承认外国公司在法国享有其在本国所具有的全部权利，特别是与法国达成了相关条约的国家的公司。但依据互惠原则，该承认有两项限制：一是外国公司不能拥有比法国公司更多的权利，包括所有与此相应的隐蔽活动都是禁止的；二是外国公司不能拥有比其本国公司更多的权利，这也被其本国法律所限制，如禁止收入完全自由（指不缴纳相关税务的收益）。

（三）其他法人主体

第一，公法人。从性质而言，外国公法人的权利源于其本国法律的规定。法国无条件地承认外国公法人在法国的权利。依据互惠原则，外国公法人的行为由其本国法所规制，一如法国公法人在该国的行为。

第二，社团。一般法律依据为 1901 年 7 月 1 日关于外国社团的法律。关于社团的国籍问题，如果社团位于法国，则可以是法国国籍。外国人也能在法国成立法国籍的社团，或者申请加入法国社团。

关于外国社团在法国的地位问题，当其在法国成立，则需要向法国政府相关部门递交宣告以及该社团的组织原则的文件。外国社团也具有完全的法律地位，除非其本国法作出了限定。并且需要获得"有利于公益的承认"。同样的，依据互惠原则，外国社团法人的行为由其本国法所规制，一如法国社团法人在该国的行为。

法国关于成立企业工会的法规，刊登于 1968 年 12 月 31 日的《官方公报》（共 2 章 16 条）。主要内容包括：所有企业都可自由建立工会及其分会，企业领导应为工会分会提供进行活动的房间。会员每月可在工作时间以外集会一次，工会代表应具有法国国籍，年满 21 岁，如按照国际条约规定的条件互惠的，代表也可以是外国国籍。选派工会代表方式的争议，由其裁判法院受理。企业在解雇工会代表前，应先取得劳动检查员或代行其职权的部门的批准。该法令在一定程度上保障了法国企业的成立工会权。

三、互惠原则在法国冲突法中的一般适用

法国的冲突规范源于国际条约、国内立法以及司法判决。

如 1956 年 2 月 2 日巴黎民事法院依据法国《民法典》第 3 条所作出的一条冲突规范："关于婚姻有效性的条件由夫妻的属人法决定。"本案中是指，关于夫妻关系所应当适用的实体法，应当是夫妻关系开始建立时的法。冲突规范是法国国际私法中的一个非常重要的问题，其主要作用是确定准据法以及判定涉外因素。因此，当法国法官面对国际私法的案件时，首要问题就是要找到所应当适用的准据法。冲突规范是一个抽象的规则，它具有间接性和中立性，间接性指冲突规范不是解决实质的法律问题，而只是寻找所应适用的实体法；中立性指冲突规范的解决办法也不是直接确定准据法，而是找到该准据法由哪个国家或者地区的法律来确定；另外，关于婚姻的形式要件的问题取决于是否依据婚姻成立地的法律要求举行了相应的仪式。在实践中，法国法律是反对一夫多妻制度的。但是当法国法院接收了类似的案件，婚姻关系成立地的法律承认婚姻的有效性，法国法官仍然会承认其相应的效力。这体现了互惠原则基础上的外国法律平等和外国法律适用上的平等的要求。

（一）依据互惠原则关于冲突法的一般适用途径

法国的冲突规范的适用有两种途径，一种是国际冲突规则的适用，如所达成的国际条约和公约；另一种是法国制定的冲突规范的适用。国际冲突规则的适用具有显著的优点，因为其总是体现于国际条约之中，属于许多国家都认可的一种解决办法，在法律实践中也更有利于法律的适用以及判决的承认和执行。而且国际条约经常表现为实体法规范，减少了法律的迂回，使得解决法律冲突的目标更有利于实现。例如，就《国际货物买卖合同法律适用公约》而言，当法官面临一起关涉法国和德国的买卖合同纠纷，而法国和德国都是该公约的缔约国时，其无需对所应适用的冲突规范和实体法进行选择，而可以直接适用该公约的规定，进行实体法的适用。因为该案属于此公约的适用范围。各国平等地适用国际法，仍然依据的是互惠原则。在个案中，《国际货物买卖合同法律适用公约》的法律关系主体并非公约订立时能确定的，该公约使得各方当事人可以依据其选择最有利于自己的法律，以此实现自身利益最大化的目的，即各国互惠利益的实现。在国际贸易的相关问题中，目前的趋势是逐步自发地形成统一规则，目的是保证跨国交易的稳定性和应用性取得一致，这类问题常常被归于"商人法"中。

个人身份，包括个人状况和家庭状况，从体系上而言被归于国籍法范畴，即当事人的本国法，或者住所地法或者惯常居所地法。从互惠原则角度看，国籍问题适用其国籍国的法律，这既是国家主权平等的体现，也是内外国法律平等的体现，还有利于实现对私法关系中的个人的权利保护。

物，由财产所在地的法律管辖，无形财产依据其自身的性质适用特殊规则，目前的趋势是适用无形财产所产生实际效力地的法律。如商标在一个国家（地区）的商标管理机关注册后，在有效期限内即受当地的法律保护，他人如有仿冒，商标注册人有权向当地法院起诉或向商标管理机关申诉，要求停止使用仿冒商标和赔偿损失。在此问题上，法国采用互惠原则。1992年中国和法国的商标注册互惠协议在北京正式达成。对本国境内不动产的强制管辖权，是互惠原则中主权平等与公共秩序保留的要求，无形财产的管辖仍然侧重各国的属地管辖。基于财产价值在特定地域的相对确定性，以此达到各方利益的稳定与平衡。

婚姻的效力和财产，适用属人法，即财产所在地法或者依据法国法适用法律行为地法。离婚参考欧盟关于离婚和合法分居适用法律的法规的提案，该提案旨在加强多个成员国之间的合作。根据欧盟理事会提出的提案第 3 条，夫妻双方可以协商一致选择离婚、合法分居所适用的法律。这种选择限于与离婚有密切联系的国家的法律。在几种可能性中，可以注意到"缔结协议时配偶之一国籍国的法律"可能被选用。[1]离婚法案让配偶可以在与案件密切相关的国家的法律之间进行选择。对于拥有多个国家国籍的配偶来说，即使无效，也应该能够选择每个国籍。在没有选择适用法律的情况下，欧盟委员会的提案以等级表的形式规定了客观联系：适用配偶惯常居住地的法律，如果没有，则适用其最后一次惯常居住地的法律，前提是该法律一直到最近才存在，并且配偶之一仍然居住在该国；法院审理案件时夫妻双方的国籍决定了适用的法律。相反，在没有共同国籍的情况下，离婚时应适用法院地法律。

　　法律行为，由行为地的法律管辖，这个规则一般为可选择适用的冲突规范，依据行为的性质，或者依据特定行为指向当事人的属人法。

　　合同，一般依据当事人的意思自治原则来选择所应适用的法律，或者由合同缔结地、合同履行地（尤指特征履行说），或者具有最密切联系地的特殊标准进行选择。

　　民事侵权行为，依据侵权行为发生地的法律，或者依据特殊规则，适用最密切联系地的法律。

　　制定内国的冲突规范时，也常常面临与很多国家的协商，因为单方面制定的冲突规范如果事先没有得到利益关涉国家的认同，会出现很多阻力。在实践中，法官为了判决得到承认和执行，会首先考虑案件所关涉的主要利益在哪个国家，而且会直接

---

　　〔1〕　关于国籍在国际公法和私法中的效力之间的联系，保罗·拉加德作出了清晰的论述，将之归纳为"当代国际私法的近邻原则"，认为在当今的大多数情况下，个人法律地位和权利的享有仍然主要由国家主权原则支配。而国籍标准是最能体现个人与国家之间法律联系的法律规范。Paul Lagarde, "La réciprocité en droit international privé", *par Recueil des cours*, Volume 154, No. 1, 1977.

适用该国的冲突规范进行法律选择，以期实现判决的效力。这体现的是互惠原则中内外国法律，以及外国法律适用上的平等。

（二）依据互惠原则关于法官适用冲突法的一般规则

1. 识别

依照互惠原则的识别可以导致外国法的适用。例如，在1889年12月24日阿尔及尔巴塞罗（Bartholo）的案件中，当事人与法国妻子在马耳他结婚并在法国拥有财产。问题是依据法国法律这对夫妻的婚姻关系是不成立的。而对于该案涉及的财产，如果依据法国法律的话，则不存在财产权利判定问题；如果依据马耳他的法律，根据夫妻财产制度，可以继续对财产进行判定。本案中，法官认识到，本案依据马耳他的法律会更加适合，于是依据婚姻成立地的法律即马耳他的法律判定此案涉及的是配偶间的婚姻财产问题。这即为法国法院依据外国法律来进行识别的一个案例。

在该案中法国法官发现了适用马耳他的法律更加合适，则适用了该法律，那么依据互惠原则就将要求马耳他在类似情况下也能够导致法国法律的适用。于是促成一种双方利益最大化实现的合作模式。反之，如果马耳他法院不能如此对待法国法律，则法国法院也能依据互惠原则排除马耳他法律的适用，从而恢复利益的平衡。

2. 外国法适用

为保证法国法官能够真正平等地对待外国法律，以及平等地适用外国法，以实现互惠原则的法价值，针对外国法律适用问题，巴黎上诉法院作出了一系列的裁定：1998年11月24日的判决指出："法国法官在需要适用外国法律的时候，应该就该国现行法律进行实证研究以找到解决办法。"1999年10月19日的判决进一步指出，即使在间接适用外国法的时候，法官也应该负责查找外国相关法律。2001 年 3 月 6 日的判决认为："审判法庭应该说明所依据的外国法律的条款原文。"2002 年 9 月 18日的判决又作出补充："适用外国法律的时候应当整体考察该外国法律所在的司法体系和习俗。"2003 年 6 月 3 日的判决确认了巴黎上诉法院对外国法律适用的解释、决定和控制的权力。然后，2003 年 11 月 13 日的判决进一步要求，法国法官在适用外国法律的情况下，应该解释所有关于外国法的查明的方法和途径，以及就该法律在外国的适用情况进行说明。这是法国试图以判例法的方式，限制本国法官在具体案件中使用法国法的自然倾向，以维护内外国法律的平等，实现外国法律适用的平等，从而体现出互惠的价值。上述一系列对于外国法律适用的严格规定，实际上都是在互惠原则的基础上将上述义务推及相应的国家，即在他国法院适用法国法的时候，也应当依据法国实证法的一般原理、法国的立法目的以及法国法律体系的一般习惯来适用法国法。通过这种方式，实现了法国与相对国家的司法合作，实现了彼此最大化的法益。反之，依据互惠原则，如果相对国家没有如此适用法国法律，那么法国法院也没有义务接受上述法国最高法院判决的约束，而利益也恢复平衡。

四、互惠原则在法国涉外司法管辖权中的一般适用

（一）管辖权冲突中互惠原则的一般适用

管辖权冲突的规则适用是指在特定时间和情境下，法国法院具有决定审理一项具有涉外因素案件的权力。依据已有的各种冲突规则和学说，有关管辖权的冲突规则并不具有冲突规则的性质，因而不是真正意义上的冲突规范。例如，在该问题上主张"最密切联系原则"的保罗·拉加德认为单边管辖权的冲突规范难以抑制冲突。而巴谢利耶（Bachelier）的观点是，管

辖权的冲突规范属于实体法规范。从学说的角度看，管辖权冲突的问题始终只是描述含糊的文字表述。在实践中，对法国而言只有管辖权冲突的规则才具有效力，且这类规则可以作为法国法院行使管辖权的依据。而在任何情况下，法国法官都不能判定外国法院就某一案件具有管辖权，因为这是涉及国家主权的问题。以下是法国《民法典》中的一般规定：

法国《民法典》第 14 条　不居住于法国的外国人，曾在法国与法国人订立契约，因此契约所生的债务的履行问题，得由法国法院受理；其曾在外国订约对法国人负有债务，亦得由法国法院受理。

法国《民法典》第 15 条　法国人在外国订约所负的债务，即使对方为外国人的情形，得由法国法院受理。

但是，依据法国《宪法》第 55 条确定的互惠原则，上述一般适用规则如果与条约相冲突，则一般适用条约的相关规定。关于管辖权的国际性冲突规则一般表现为各种国际条约和国际公约的形式。欧盟的《布鲁塞尔公约 I》和《布鲁塞尔公约 II》，都是法国已经承认和执行的条约。另外，由谢菲尔（Scheffel）案所确定的"延伸原则"，即为了维护国际秩序而行使内国的管辖权，也被作为法国的判例法。例如，法国《民事诉讼程序法》第 42 条规定了管辖权冲突的问题："如果被告居住于法国，则法国法院具有管辖权。"在此处，法国法官仅对居住于法国的被告可以宣告管辖权，而法国也认为，依据互惠原则，如果被告居住于德国，则德国的法院也具有管辖权。这被视为源于法国的习惯法。

2000 年《布鲁塞尔公约 II》确立了有关成员国法院对婚姻事务的直接管辖权的规则，配偶双方国籍所在成员国的法院对离婚、合法分居和婚姻宣告无效事宜拥有管辖权。该规则不会因居住在该成员国的其他国家国民的国籍而受到歧视，因为根据《布鲁塞尔公约Ⅱ》第 3 条，与惯常居住地唯一可能的替代关系也构成该国法院管辖权的有效依据。《布鲁塞尔公约Ⅱ》包含赋予配偶国籍一定作用的其他条款。根据该公约第 3 条第 1 款，如果申请人在提出申请之前经常居住至少 6 个月，则成员国法院的管辖权可以仅基于申请人的国籍。根据该公约第 7 条，成员国国民的原告可以对居住在欧盟以外的被告援引基于法院地国家法的剩余管辖权。该规则体现了《欧盟运行条约》第 18 条规定的具体适用，即对国籍的歧视的一般性禁止规定。[1]居住在法国的另一个成员国的国民可以利用法国《民法典》第 14 条对其居住在欧盟以外的配偶采取法律行动；于是该规定失去了法国公民管辖特权的性质。

此外，法国认为存在"主要强行管辖权"所在国的情况。例如，一个建筑物位于法国，则法国能够依据"主要强行管辖权"的原则行使管辖。并且，依据互惠原则，相对国家也能履行此项权能。因为建筑物所在地对于建筑物而言，是最具有确定性的价值所在地，所以其能够成为一个较少引发法律冲突的确定因素，从而易于在各方达成一致。

（二）外国判决承认与执行中互惠原则的一般适用

依据法国《宪法》第 55 条确立的互惠原则，目前法国在涉及外国判决承认与执行的案件中主要依据的条约如下：一是 2002 年 3 月 1 日欧盟第 44/2001 号决议，欧盟成员国（除丹麦）都接受了该项条约的约束，即关于民事与商事的案件的判决可以在没有获准法国的"执行书"的情况下获得实施。但实施之

---

〔1〕 Henri Batiffol, Paul Lagarde, *Droit international privé*, 6eéd, Martinus Nijhoflf Publishers, 1974, pages 67 à 70.

后，需要依照法国《民事诉讼法典》第 509-2 条的新规定"获得承认或认可的可执行请求"；二是 2005 年 10 月 21 日欧盟第 805/2004 号决议，欧盟成员国（除丹麦）都接受了新条约的约束，即对于没有争议的债权，如果其获得了欧盟给予的执行指令，在法国可以在没有获得"执行书"的情况下获得执行。

关于地位和能力的执行，不需要获得法国的"执行书"即可以履行。对此特别值得注意的是关于跨国收养的承认与执行。这意味着一项依据外国法律成立的跨国收养，法国应当默认此项权利立即生效，承认其在法国的效力。但是依据法国《民法典》第 16 条，其由 1993 年 12 月 30 日第 93-1362 号政令所修改的规定为："如果收养的目标是一个具有法国国籍的孩子，则需要作出声明，以获得执行书。"

自 2005 年 3 月 1 日起，依据《布鲁塞尔 IIbis 条例》，为了实现联盟内成员的自由流动，有关家庭事宜的判决获得了自动生效的延展效力。下述情况下，依据简单程序向法国最高法院提出申请，可以获得强制执行命令：其一，监护，子女有权决定居住生活的地方；其二，探视，可以为在另一成员国境内的子女申请探视权；其三，在孩子被侵权或者被绑架的情况下，可以申请法律援助与保护，并且有权将受侵犯儿童遣返原住所地。

关于申请离婚、分居、婚姻无效的执行，对于非欧洲国家而言（丹麦除外），一项离婚的宣布必须得到当地国家检察官的审查，依据当地的民法规定进行审核，并由大审法院的检察官出具证明，才能获得法国的承认。此外，对于欧盟成员国而言，2000 年 3 月 29 日出台的《布鲁塞尔 II 号决议》规定，自 2001 年 3 月 1 日起当事人可以就离婚、分居、婚姻无效的事宜在内国获得的裁定直接在成员国中获得效力。而在需要获得强制执行的情况下，依据新法国《民事诉讼程序法》第 509-2 条第 2 款，可以简化程序向高等法院申请强制执行。

哈达迪判决（L'arrêt Hadadi）

有关直接管辖权的规则在承认外国婚姻案件判决阶段发挥的作用有限。《布鲁塞尔公约 II》第 24 条原则上禁止对原籍国法院的管辖权进行审查。然而在过渡期内，《布鲁塞尔公约 II》第 64 条规定，成员国在《布鲁塞尔公约 II》生效之前作出的决定须接受根据与成员国直接管辖权有关的规定进行的间接管辖权审查。正是在这样的背景下，法院在哈达迪案中就双重国籍的影响作出了裁决。哈达迪夫妇拥有匈牙利和法国双重国籍，惯常居住在法国。2002 年，哈达迪先生向布达佩斯法院提出离婚申请；2004 年 5 月 4 日（即匈牙利加入欧盟几天后），布达佩斯法院宣布了离婚判决。在此之前，哈达迪女士曾因过失向法国法院提起离婚诉讼。由于对匈牙利判决对法国程序的影响的怀疑，巴黎上诉法院向欧洲法院提出上诉，要求作出初步裁决，首先询问法院是否应将《布鲁塞尔公约 II》第 3 条第 1 款解读为仅应考虑与人员有最密切联系的成员国的国籍（即最有效的国籍），以便该国的法院仅对国籍拥有管辖权。[1]欧洲法院注意到有效国籍概念的不精确性以及根据该公约第 3 条"无意排除多个司法管辖区"的多个主管司法管辖区的共存，指出虽然根据法院地国际私法适用的实体法的优势进行法院选择存在风险，但这种适用法国本国法的行为本身并不构成权力滥用。哈达迪判决带来的创新并不在于基于互惠原则在直接管辖权方面平等地对待受影响的两个国家。各国始终倾向于对本国国民授予与

〔1〕　Julie Clavel-Thoraval, *Les indispensables du droit international privé*, Plein Droit, 2019, p. 348.

国籍有关的主观权利，无论其是否存在第二国籍。这是一种单方面的做法，实际上是对国民第二外国国籍的忽视。这种做法由具有双重国籍的人的两个原籍国实行，导致双重单边主义。在哈达迪判决之前，第一国籍 A 国在这种情况下作出的判决不太可能在第二国籍 B 国得到承认，因为该国的第二国籍 B 被视为主要国籍，并且只有一项可以考虑。欧洲法院判决带来的积极意义体现在承认的第二阶段，配偶的两个国籍 A 和 B 被视为平等，以控制间接管辖权。与上面讨论的其他情况一样，国籍即使被认为无效，也被视为与成员国有充分联系，该国有权将国籍保留的权利授予其国民。在国际私法的法律冲突领域，确定单一适用法律通常至关重要。哈达迪判决的论证强调了管辖权的多重性。成员国规范法律冲突的国际私法条款中所体现的法院地法律的明显优势构成了基于国籍的明确歧视。因此，如果两个或多个成员国的国籍发生冲突，则诉诸另一种解决方案，这对无论是当事人或有关人员选择的法律，还是有效国籍的法律，似乎都是不可避免的。然而，如果有关国民还拥有第三国国籍，各国可以保留其本国国籍的优先规则。

在继承问题上，无论是为了法院的管辖权还是为了确定适用的法律，死者本国的国籍是可以被接受的。关于法律冲突，若仅依据一方国籍这一单一因素则构成对另一成员国国民的歧视，不符合《欧盟运行条约》第 18 条的规定。根据《欧盟运行条约》第 18 条，冲突规则将国籍与其他连接因素结合使用，如另一方的国籍、民族与成员国法律秩序之间具有密切联系的因素。在涉及自然人的个人地位时，使用本国法律并不意味着对相关成员国的歧视。尽管与国籍的联系本身是合法的，但在对待拥有两个或多个国籍的人时必须禁止任何基于国籍的歧视。依据互惠原则，《欧盟运行条约》第 18 条赋予一个成员国国民同时也是另一个成员国国民的权利，只要其国家法律赋予国籍管辖权，两国便不能因规定本国国籍优先的规则而拒绝相互承认判决。在法律冲突情况下的双重国籍问题中，成员国所主张的法院地国的优先权与《欧盟运行条约》第18条不一致；但对此制定统一的法律规范来确定法律关系，会导致对国籍平等的否定，并导致需要诉诸其他解决办法，要么是当事人或利害关系方选择的法律，要么是实际国籍的法律。如果一方通过婚姻自动获得另一方的国籍，并且不能放弃该国籍，则配偶不能被视为拥有共同国籍，除非通过婚姻获得的国籍已经生效。鉴于《欧盟运行条约》第18条仅禁止针对其他成员国国民的国籍歧视，成员国可以自由保留涉及针对第三国国民的歧视的冲突规则。

现代法国互惠原则的主要内容，如涉外民商事关系中国家主权的平等，基于基本人权观念的人的法律地位、权利和义务的平等，内外国家法律的平等，外国法律适用上的平等，以及各国平等地履行国际义务与遵守国际法，平等地适用各国公共秩序保留条款等是随着法国私法发展逐步完善的。在国籍法中，依据互惠原则对法国国籍的判定依据法国法；在外国人地位法律中，互惠原则为法国《民法典》第11条所确立的基本规则。在现行的法国冲突法中，互惠原则的内容被分别体现在冲突法的各个部分中，如国际冲突规范与国内冲突法，包括身份关系的确定、物、法律行为、合同、民事侵权行为、婚姻的效力和财产、遗产问题的冲突规范。法官对冲突规范的解释是互惠原则在实践中体现其效力最集中的部分。虽然有遵守互惠原则的义务，但法国法官在实践中仍有适用法国法的天然倾向。对此法国最高法院出台一系列的判例，以规制法国法官平等对待法国法与外国法，明确适用外国法情况。另外，在涉外司法管辖权方面，法国遵从所签订的国际条约履行义务。

法国国际私法中互惠原则的特殊适用

第五章

互惠原则在法国国际私法中的特殊适用或称例外，指虽然有条约或者其他法律渊源，但仍然主要依据法国内国法的情况。分别包括：关于外国人地位法律中的最低保障待遇原则与同化原则；关于准入的特殊制度，如家庭团聚制度和申请庇护制度；关于居住的特殊制度，如对外国人融入法国社会生活的要求与途径作出更加严格规定的制度；关于强制离境，包括义务离开法国领土与因下达驱逐令而被驱逐出境；关于外国人在法国的权利，如外国人在法国的公法权利的特殊规定；关于确定公司所在地的控制说制度，该制度经常体现于特殊的法律问题之中，如战争损害的赔付、公共服务特许、银行活动、旅游代理、出版等，只要上述活动与法国有最低限度的相关，法国认为即可以主张适用法国的法律。作为解决管辖权冲突的互惠原则的特殊适用，有管辖权选择制度；作为外国判决承认与执行的互惠原则的特殊适用，有财产判决书方面的特殊规定。

一、互惠原则在法国外国人地位法律中的特殊适用

（一）互惠原则之外的特殊原则

除了权利对等的互惠原则之外，法国在外国人地位法律中还规定了两项原则，即最低保障待遇原则和同化原则。最低保

障待遇原则是指，法国自动给予在其境内的外国人作为人的基本权利，最低保障待遇也是法国基于所签署的多项人权条约所承担的义务。同化原则指的是，在法国的外国人需要尊重法国的语言习惯与公序良俗，必须"像法国人一样生活"。这可以视为条约义务之本国公序良俗的保留政策，亦为法国维持境内秩序的必须方法。

（二）有关准入的特殊适用

1. 家庭团聚

依据 2006 年 7 月 25 日修改的《Ceseda 法典》第 411-1 条的规定，如果是为了家庭团聚，在法国居住 18 个月以下 1 年以上的外国人，可以申请其配偶和 18 岁以下的子女来法国境内团聚。该法令是为了促进外国人在法国的正常家庭生活的实现，也是新的自由精神的体现。《Ceseda 法典》第 411-8 条认为法国政府可以对申请人的家属进行为期不超过 2 个月的培训，目的是为适应在法国的公共生活做准备，内容为语言和法国的生活秩序。而《Ceseda 法典》第 411-5 条对以家庭团聚为由申请签证拒绝原因作出的规定，即申请人不具有稳定和足够的经济来源来承担家人在法国的生活；申请人不具有充分的住房接待条件；申请人的行为有悖法国的法律、基本原则和生活秩序，如一夫多妻制。

2. 申请庇护

《Ceseda 法典》第 711-1 条明确了法国依照联合国大会 1949 年 8 月 12 日《关于保护战争受难者的日内瓦公约》第 28 条对于"难民"的定义，对申请进入法国的难民给予庇护。《Ceseda 法典》第 711-2 条指出对于难民在法国的生活应当在就业和居住方面提供行政协助，并且难民可以为适应在法国的生活获得免费培训。《Ceseda 法典》第 712 条限定了给予辅助保护的情况，主要包括在其本国为死刑或酷刑的情况。

《Ceseda 法典》第 712-1 条　第一，死刑；第二，酷刑或者不人道或者有辱人格的待遇或处罚；第三，由于普遍或国际的武装冲突暴力行动，对平民的生命造成直接且针对其个人的严重威胁。

《Ceseda 法典》第 712-2 条　被授予辅助保护的人即有理由足以认为：第一，犯有危害和平罪，战争罪或者危害人类罪；第二，犯有严重罪行的法律；第三，犯有违反联合国的宗旨和原则的行为；第四，在其领土严重威胁社会秩序，公共安全或者国家安全。

（三）有关居住的特殊适用

关于外国人在法国的居住的总括性的规定有，2010 年 12 月 29 日第 2010-1657 号法令修改的《Ceseda 法典》第 311-9 条对外国人融入法国社会生活的要求与途径作出了更加细致的规定。该条对于 16 周岁至 18 周岁首次在法国居住的外国人，为适应在法国的长期生活给予了生活准备期。如果是以长期居留在法国为目的，则可以与政府签订培训合同，在语言和法国的社会风俗的学习适应之后，对该当事人取得长期的在法国的居住权给予特殊待遇。

《Ceseda 法典》第 312 条规定了法国的居民委员会的设置与责任，居民委员会的主席由所在城市的副市长任命，超过 500 万居民的区可以单独设立一个居民委员会。居民委员会对所在辖区的外国人的居住情况实行登记管理，当辖区内有外国人被法庭传唤时，居民委员会必须在传唤日的 15 天之前通知当事人，并且如果该外国人有需要，居民委员会应当在 3 个月内提供司法协助，依据当事人的意愿选择律师或者其他能够实行法律援助的人，并有权获得语言帮助，即指定翻译人员，以了解案情与文件。该外国人如果没有居留证，还可以向居民委员会求助，申请获得临时居留证。

1. 短期居留卡

《Ceseda 法典》第 313 条列举了短期居留卡的类型，包括参观访问、学生、科学、艺术和文化行业、授权类专业工作、私人及家庭生活。临时居留卡的时效为 1 年，该卡的持有人如果需要继续留境，则需要申请续展。短期居留卡的持有人如果被认为可能对社会安全构成威胁，则会被拒绝承认其居留卡效力。申请短期居留的时间总体不能超过 4 年，且 4 年的期限主要是对于那些在法国境内接受高等教育的学生和从事科学研究的人员的特殊待遇。

2. 居民卡

《Ceseda 法典》第 314 条规定了居民卡的有效期为 10 年。第 314 条的规定适用于持有法国居民卡、居民身份证和欧盟长期居民卡的人员。首次申请居民卡的外国人需要表明自己热爱法国文化，承诺遵守法国的社会秩序，并且具有符合条件的法语水平，但 65 岁以上的人不需要考虑具有法语水平的因素。而居民卡的持有人如果被证明将对社会治安构成威胁，则都会被拒绝。并且即使存在互相承认的条约，法国也不批准一夫多妻制的情况，以及犯有刑事罪行的人员获得法国的居民卡。获得了居民卡的外国人可以自由地在法国就职。

居民卡授予必须完全符合《Ceseda 法典》第 314-8 条至第 314-10 条的列举情况，即在法国连续居住 5 年以上，有欧盟国家的健康保险，生活来源稳定可靠，符合其家庭在法国生活的需要，申请法国的福利，以及具有所在地区所规定的住宅条件。申请人可以为配偶和自己未满 18 周岁的子女申请居民卡，其配偶和子女必须在法国已经生活 3 年以上。而且申请人与其配偶必须是 3 年连续共同生活在法国。上述条件都符合，才能决定给予申请人在法国的居民卡。该居民卡在欧盟境内具有其居民权利。按照《Ceseda 法典》第 321 条的规定，任何在法国居住的外国人，无论其居留的性质，依据法国的法律，都可以自由地离开法国。

（四）有关强制离境的特殊适用

强制离境包括义务离开法国领土与因下达驱逐令而驱逐出境。《Ceseda 法典》第 511-1 条说明了外国人由于已被确诊的健康问题可能被要求强制离境。《Ceseda 法典》第 512 条规定了有权作出强制要求离境的行政主管机关是各州州长和巴黎警察总监。通知当事人离境应该具有一段合理的时间，除非在紧急情况下可以在不足一个月的时间内提起。《Ceseda 法典》第 521-1 条规定了外国人如果对法国的公共秩序造成严重威胁，或者行为的性质为恐怖主义行为，或者明确和故意地挑起种族主义的歧视，或者针对特定人群的暴力行为，除了《Ceseda 法典》第 521-2 条至第 521-4 条所列举的情况，则可能被下达驱逐令。

《Ceseda 法典》第 521-2 条所规定的不能被下达驱逐令的情况包括：其一，已经为人父母，并且承担着养育子女的任务，但从一夫多妻制国家移居法国的人除外。这是在私人人权的具体实现与法国的公共秩序两个相冲突的法益中选择私人人权的表现，这里保护的是未成年子女的权益，因为该利益的存在，即使其父亲或者母亲可能对法国的公共秩序造成威胁，也应当尊重该未成年子女当由其父母养育的权益。其二，已经与法国籍的配偶结婚并且共同生活 3 年以上的人。此处体现的是对私人的正常婚姻家庭生活的尊重。其三，已经在法国生活 10 年以上的外国人，除非其临时居留卡上有"学生"的标识。其四，该外国人是法国工伤伤残保险基金的受益人，并且其工伤致残程度高于 20%。其五，为欧盟成员国或者欧洲经济区或者瑞士联邦共和国的居民，并在法国生活 10 年以上。在上述五种例外情况下，如果该外国人被判处了 5 年以上的监禁，仍然可能被下达驱逐令。

《Ceseda 法典》第 521 –3 条规定的例外情况包括：其一，13 岁开始一直在法国居住的外国人；其二，在法国合法地生活了 20 年以上的外国人；其三，已经为人父母，并且承担着养育子女的任务，在法国生活 10 年以上的人，但从一夫多妻制国家移居法国的人除外。其四，以法国为惯常居住地，并且其健康需要长期依赖法国的特定医疗照顾，否则会导致严重后果，在其身体状况适合之前，不被下达驱逐令。《Ceseda 法典》第 521–4 条规定了未满 18 周岁的未成年外国人不属于驱逐对象。

布萨哈诉法国案（Bousarra c. France）

2010 年 9 月 23 日，欧洲人权法院受理了布萨哈诉法国的案件，申诉人提出法国政府涉嫌违反《欧洲保护人权和基本自由公约》第 8 条"享有正常家庭生活权利"，对其造成了过度干涉的伤害。申诉人认为部长将他驱逐出境遣返摩洛哥的决定构成了对他的家庭生活权的不合理和过分干涉。他援引了《欧洲保护人权和基本自由公约》第 8 条的相关内容："人的私人和家庭生活有权受到尊重，公共当局不得干涉这项权利的行使，除非这种干涉符合法律，并构成在民主社会生活中为国家安全、公共安全、国家经济福利、防止动乱和犯罪所必需的措施。保护公共健康或者公序良俗，或者保护他人的权利和自由。"法国政府驳斥了当事人的论点，认为欧洲人权法院不应该受理此案。

欧洲人权法院评估认为，对于此案应重点考虑的因素是申请人家庭生活受到尊重的权利是否受到干扰。法院认为，针对申诉人发出的驱逐令以及该命令的执行构成了对申诉人行使其"家庭生活"受到尊重的权利的干扰。申请人被监禁时 20 岁，被驱逐时 24 岁。考虑申请人是否拥有《欧洲保护人权和基本自由公约》第 8 条含义内的家庭生活的问题是适当的。申请人单身且无子女。无论如何，法院在一些涉及尚未建立自己家庭的年轻人的案件中承认，他们与父母和其他直系亲属的联系也属于"家庭生活"。因此，驱逐时并未充分考虑申诉人的"家庭生活"的因素。除非可以根据本条第 2 款证明其合理性，也就是说，如果"依法"实现本条所列的一个或多个合法目标，并且"在民主社会中这是实现这一目标或目标所必需的"。在这方面，法院指出自 2003 年 11 月 26 日第 2003-1119 号法令制定以来，在法国合法居住超过 20 年的外国人不能受到驱逐，除非其行为可能损害法国法律、国家根本利益，构成恐怖主义活动或对特定个人或群体的明确和蓄意挑衅歧视、仇恨或暴力的行为。该法修改了 1945 年 11 月 2 日第 45-2658 号法令中有关外国人权利的条款，这些条款随后被编入《Ceseda 法典》第 L521-2 条及后续条款和法国《刑法典》第 22 条和第 25 条中。这些规定适用于一类外国人，其由于与法国的社会、家庭和文化的联系，他们受到几近绝对的保护，免遭驱逐出境的额外处罚。诚然，这些规定在本案事实发生时并不适用。然而，法院认为如果驱逐是在这些新规定的影响下进行的，申请人可以作为《Ceseda 法典》第 L521-3 条和《欧盟宪法条约》第 131-30-2 条的保护主体利用这些新规定。法院提出法律公开的目的是"在维护公共秩序的必要性与尊重私人和家庭生活之间实现令人满意的平衡"。[1]

---

[1] Karine Parrot, "Nationalité Condition des étrangers", *Dans Revue critique de droit international privé*, 2011.

（五）外国人在法国的权利的特殊适用

1. 外国人在法国的公权利

第一，政治权利和政治职务。外国人在法国的政治权利的性质，本质上应该是一种参与政治的权利，而不是进行决策和行政管理的直接权利。在实践中，依据 1992 年 2 月 7 日所签署的《欧洲联盟条约》，法国《宪法》对其第 88-3 款进行了修改，修改后的法律在互惠原则基础上给予欧盟内部的公民在法国的选举与被选举权。但是，该外国公民不能被选为市长或者上议院和国民议会的议员。该法律意味着外国人即使是欧盟内部的公民，在法国仍然不具有公共基础政治事务的提议权和被提名为政治职务担任者的权利。

关于欧盟官员的任职，《欧盟工作人员条例》明确工作候选人的国籍无关紧要。事实上，《欧盟工作人员条例》第 7 条规定，"任命机构通过任用或调动，仅出于服务利益，不考虑国籍，将每位官员分配到其集团职能中与其级别相对应的职位上"。《欧盟服务细则》第 7 条和《欧盟工作人员条例》第 27 条第 2 款规定："不得为特定成员国的国民保留任何职位。"欧盟公务员需要具备特定语言和文化的知识，如此能够保证被优先分配到相应职位；但这种事实上的特权与国籍无关，因此不能被视为歧视。另外，根据《欧盟工作人员条例》第 69 条，在管理外籍津贴时公开使用国籍标准，外派津贴在一些成员国家可能非常可观。身为任职地点所在国国民的公务员，如果在另一国任职时已居住超过 10 年，也可申请离国津贴。这项规定已经实行了很长一段时间，但由于其歧视性而引起的质疑直到最近才被提出。然而，由于程序原因，欧盟公务员法庭并未就该问题作出裁决。

欧盟公务员的双重国籍可能会在所引用的条款中造成特殊

问题，特别是如果他的任职地点位于他所属的国家，而他的有效国籍是他所居住的另一个国家的国籍直到他上任。在这种情况下，遵守有效国籍原则将导致向该官员发放出国津贴，这是判例法所拒绝的解决方案。法院确实指出，有效国籍的概念主要用于国际私法，以解决积极的国籍冲突。这一概念不能出于其制定目的而转移到外国领域，特别是在《欧盟工作人员条例》的范围内，以确定接受外籍津贴的权利。因此，判例法裁定支持充分承认公务员的每个国籍，即使没有生效，以规范外籍津贴。外籍津贴也具有类似的意义，该判例法似乎是受到欧盟立法者仅在例外情况下发放外籍津贴的意图的启发。为了实现这一目标，欧盟立法者在没有遭到法院反对的情况下使用了国籍标准。造成这种情况的原因是，合理的外籍津贴只能发放给与派驻国缺乏足够联系的人。该国的国籍即使无效，也可被视为一种邻近性纽带，从而排除了向国民提供赔偿的目的。如果这种推理是正确的，那么对欧盟法律中国籍标准的使用的辩护就会受到例外的限制，即国籍不是以形式主义和机械的方式使用，而是作为表明个人与国家关系密切的因素。[1]

第二，政治自由和享有公共服务的权利。即基于对基本人权的尊重，而给予在法国境内的外国人以政治自由的权利和享有法国各项公共服务的权利。除此之外，法国宪法委员会于1990年1月22日作出的第89-269号决议甚至明文强调了"自由和基本人权作为宪法的基本价值适用于所有居住于法国领土的人"。这明显涵盖了法国领土内的法国人与外国人，由此体现出国际私法主体之间的互惠利益。《欧盟运行条约》第51条第2

〔1〕 Vincent Bonnet, "La fraude commise par un tiers justifie l'annulation de l'enreg-istrement de la déclaration d'acquisition de la nationalité française par la possession d'état", *Dans Revue critique de droit international privé*, 2019, pages 127 à 134.

款规定，欧盟境内保障自然人（劳工）的自由流动，这种自由意味着"废除成员方劳工之间基于国籍的一切歧视"。[1]然而，"成员方劳工"的概念尚未被清晰界定，它是否只包括成员方国家的劳工，还是指居住在成员方的所有劳工，即包括无国籍人和第三方国籍的劳工。在第一种范围中，禁止任何基于国籍的歧视显然仅描述对另一成员方国籍的劳工的歧视。在第二种范围中，该禁令还可能涉及对居住在另一成员方的第三方国籍劳工的歧视。[2]依据《欧盟运行条约》第18条，条约的适用范围内普遍禁止"基于国籍的任何歧视"，于是第三方国籍劳工也不应受到歧视。可是，这个一般性的禁令被限定在确保欧盟公民享有平等待遇的规定之下，第三方国籍劳工在适用时仅能作为例外来援引。《欧盟运行条约》第9条有关于第三方国民依据互惠原则适用法律的明确规定："其公民平等的原则，受益于其所在国家机构和部门的平等对待。"[3]依据欧盟法律，如果相关人员不是成员国 A 的国民，但具有成员国 B 和第三国的国籍，则情况有所不同。在这种情况下，成员国 A 有时会拒绝给予有关人员根据禁止国籍歧视性规定应给予的国家特权，理由是第三国的国籍是该人员的有效国籍。即具有双重国籍的人，必须被视为第三国国民而不是成员国的国民。这类申请在多次的法院审理中均被驳回。

---

〔1〕　法国《民法典》第14条和第15条指出，允许法国国民选择法国的法院就国籍问题行使管辖权。根据法国最高法院的规定，在当事人具有法国和外国双重国籍时，只需考虑法国国籍。Pierre Mayer, Vincent Heuzé: *Droit international privé*, 9eed, DALLOZ Précis, 2019, p. 212.

〔2〕　Karine Parrot, "Nationalité Condition des étrangers", *Dans Revue critique de droit international privé*, 2011.

〔3〕　le principe de l'égalité de ses citoyens qui bénéficient d'une égale attention de ses institutions, organes et organisms.

此外，许多涉及国际私法的国家法律都将国籍作为属人法、家庭法和继承法领域的连接因素。欧盟的国际私法在继承或离婚问题领域中形成相关规范。尽管《欧盟运行条约》第 18 条禁止任何基于国籍的歧视，但私法领域的相关文本越来越多地使用国籍标准。这些不同的规范性指令使得各国在法律实践中得以重新认识与国籍的联系，将其视为密切联系的标志，并通过对《欧盟运行条约》第 18 条的解释，将这一条款的范围限制为授予物质权利和特权的单方面规范。这一做法的意义一方面体现为控制与欧盟法律相冲突的国家规则的一致性，另一方面体现为欧盟对国际私法的解释上，欧盟指导这些领域发展的原则似乎已经逐步明确，可概括如下：个人的国籍必须根据国籍相关国家的法律确定，这已经形成国际公法中的公认规则。将成员国法院的直接管辖权附加于一方国籍这一单一因素可能会存在对另一方的歧视，因此必须根据《欧盟运行条约》第 18 条予以取消。成员国法院对当事人共同国籍的直接管辖权仅在当事人的惯常居住地在本国的情况下行使才是相对合理的。

歧视性影响始终以成员国声称给予外国人，但又拒绝给予外国人的物质性优势或者特权来衡量。法律实践中，法国法院从未考虑过该外国人根据其本国法律在本国所享有法律权利的情况，而是仅考虑该外国没有给予在其境内的法国人的权利的情况。法定的互惠原则没有对本国权利的实现产生任何积极的效用，而是作了对方剥夺本国公民权利的虚无比较，这种比较的基础是对方所剥夺的权利，而不是所赋予的权利。[1]互惠原则在外国人的法律地位中事实地成为一种被剥夺权利的消极比较。

---

〔1〕 David Sindres, "Retour sur la loi applicable à la validité de la clause d'élection de for", *Dans Revue critique de droit international privé*, 2015, pages 787 à 836.

2. 作为确定公司所在地之互惠原则的例外：控制说

1857 年 5 月 30 日的法令干涉了一项法国与比利时关于法人权利规定分歧的案件，这是有悖互惠原则所保护的国际私法主体法律地位平等原则的，但其是为了维护最高行政法院针对匿名公司所下达的法令。而实际上，几乎所有国家都承认了匿名公司的法律人格，或者以法令的形式，或者以承认国际条约的形式。随后，《欧洲联盟条约》依据人权和人的基本自由原则，对匿名公司的法律人格给予了确认，认为诉权是作为民事关系当事人最为基本的权利之一。终于，2007 年 12 月 20 日的法令废除了这项例外。

控制说的产生源于公司成立地说所形成的困境。最典型的例子是，在第一次世界大战期间，原本在法国成立的公司的主要生意全部发生于敌人的境内，这导致了适用法国法律解决争议的不可能。于是，依据交易利益所在国的法律作为连结点的方式产生了。这一研究导致了后来的多种相关理论，即依据股东的国籍、领导者的国籍、资金的来源地的法律。控制说常常体现于一些特殊的法律问题之中，如战争损害的赔付、公共服务特许、银行活动、旅游代理、出版等。只要上述活动与法国有最低限度的相关，就可以主张适用法国的法律。

实际上，没有能够实现普遍利益的合法解决办法，但却有越来越多的特殊方法用来定义公司所在地和公司控制地。关于公司所在地的法律适用的确定由 1978 年 1 月 4 日法律修改的新法国《民法典》第 1837 条所规定："所有位于法国境内的公司应当遵守法国的法律，第三方可以公司章程确定的地点来进行权利主张，但是该地方如果与公司实际所在地不符，则不能作为依据。"这一规定与新法国《商法典》第 210-3 条的规定是一致的。

二、互惠原则在法国冲突法中的特殊适用

实践中，法国法官并非总是能够坚持遵守互惠原则平等地适用外国法的思想。例如，在 1955 年 6 月 22 日卡拉斯兰尼斯（Caraslanis）案件中，法国法官依据法国法律中的概念，即法院地法的标准，来选择识别的类型。在此情况下，法国最高民事法院认为依据法院地法，宗教婚姻具有形式要件，而依据准据法希腊法律，这是一个上诉的基本条件。法律保留了作为准据法的希腊法律的基本条件，但此案却是依据法国法即法院地法作出此项识别，而不是基于希腊法律来给本案的事实定性。由此可以看出，法国法官是依据自己的法律观念来进行识别的，在此类问题上排除了外国法的适用。而冲突规范也是法国的法律，此处没有依据外国法判定的方法。

又如，1966 年 1 月 12 日塞纳河斯特罗加诺夫 - 舍巴托夫（Stroganoff-Sherbatoff）案，该案是一起将柏林的财产归还给俄罗斯政府后出售给法国的案件。争议的焦点是乔治（Georges）是否有继承权。首先是关于该财产是动产还是不动产的判定。按照俄罗斯的法律，该财产已经缴纳了相关税务，并被认为是不动产。且死者是在法国去世。本案中，法官认为依据法国的法律进行识别，并不会与外国的立法目的相冲突，所以排除了外国法，而使用法国法进行识别。因此，虽然法国最高法院出台了一系列的严格适用外国法的判例法，但是法国法官在实践中仍然本能地倾向于适用法国法。

三、互惠原则在法国涉外司法管辖权中的特殊适用

（一）国际法院判决的案件

挪威在 1885 年至 1909 年间曾在国外发行了许多种债券，其

中相当大部分的债券持有人是法国国民。这些债券含有黄金条款，清还时应按清还时的黄金价值支付。1914年，挪威银行曾数次停止这种支付，到1931年，就完全停止这种支付了。挪威政府于1923年颁布法律，规定用黄金表示的克朗债券，可由银行根据挪威钞票的黄金面值用钞票清还。挪威认为清还债券纯属挪威国内管辖事项，只能按挪威法律，特别是按1923年的法律调整。法国政府为了维护其国民的利益，在1925年至1955年间与挪威进行长期的谈判，但双方没有达成协议。法国的债券持有人也没有直接在挪威法院起诉。1955年7月6日，法国根据双方发表的接受国际法院强制管辖的声明向国际法院送交请求书，提请国际法院解决争端。挪威向国际法院提出初步反对主张，认为本案主要是涉及挪威国内管辖事项，国际法院无权行使管辖权。1957年7月6日，国际法院作出判决，判定支持挪威的初步反对主张，认为其对此案无管辖权，因为法国接受国际法院强制管辖权的时候，曾附有保留，把"法国认为主要是与其国内管辖事项有关的争端排除在法院的管辖之外"。根据互惠原则（对等原则），挪威可以利用法国的保留作为它反对国际法院管辖的论据，挪威认为该争端主要是与其国内管辖事项有关，就排除了国际法院的管辖。

（二）管辖权选择

管辖权选择的情况存在于有关合同纠纷指定法院的情况，又称协议管辖原则，即合同当事人在合同当中约定当争议发生时由某个法院作为纠纷裁决机构。除非涉及专属管辖权的要求，这种选择的效力是被法国法院所认可的。这与管辖权冲突中，适用互惠原则而采用国际条约的方法在法律适用和后果上有所区别。[1]

---

〔1〕 David Sindres, "Retour sur la loi applicable à la validité de la clause d'élection de for", *Dans Revue critique de droit international privé*, 2015, pages 787 à 836.

关于民商事管辖权的《布鲁塞尔公约Ⅰ》和《选择法院协议公约》2015年在欧盟内部生效。这两个文书有与法院选择条款的有效性相关的一些问题，除去条约规定的其余部分才由有管辖权的法官选择适用所在国的法律，即该国现行国际私法规则所指定的法律。

在实践中，复杂的法律适用规则导致了所应用制度的不确定性。因此，讨论该问题的理论研究很丰富，很多国际私法学者提出了不同的解决方案。大多数学者认同了在私法领域对所管辖法院和法官的协议管辖原则，特别是有合同约定的情况下。这被视为公法权力领域向私法权利的一种让步，因为根据国际公法，每一个国家依据国家主权原则都有权单方面指定法官的管辖权，只有法院地的法律才能够赋予法官对案件的法定管辖权。因此，如果合同约定了特定的法院和法官的管辖权条款，该条款在国际法上会带来"有效性"的问题。作为一项赋予"管辖权"的法律行为，该条款引发的是"许可性"问题。[1]

法国法院由合同条款的指引受理了一项合同纠纷案件，但是根据合同所约定的冲突规范的指引，所依据裁判的实体法规则将是英国的普通法，此时法国的法官是否有义务完全遵照合同条款的指引来适用英国的法律？法国《民事诉讼法典》第48条对此提出了"确有必要"的要求，而且明确指出了合同所指引的实体法在法国适用的"合法性"要求。因为法国《民事诉讼法典》第48条可以直接适用于所有有关国际私法的领域，是否在实践中成为压倒一切的强制性规定？这与法国所承认的互惠原则条款之下，各国互相承认法院管辖权的义务是否构成了违背？法官在相关案件的裁判中倾向于采用法国的实体法进行

---

〔1〕 David Sindres, "Retour sur la loi applicable à la validité de la clause d'élection de for", *Dans Revue critique de droit international privé*, 2015, pages 787 à 836.

裁判，并援引了学者的论述，认为法国《民事诉讼法典》第48条是将国际条约转化为内国程序法规则的原则性规定，法学家们对此的建议是"在灵活性的基础上，考虑国际贸易的惯例"加以调整。可见，在法院选择条款的合法性和有效性问题上，这项制度本身就代表着复杂性与不确定性。所涉及的法律范围极其广泛，管辖制定的方法也层出不穷，导致管辖权冲突和法律适用冲突。

（三）财产

虽然有国际条约的规定，但法国认为关于财产的判决在法国的承认与执行，仍然必须获得法国法院出具的执行书。这一行为的目的是使相关案件中的私人获得当地法律已经赋予的权利。在程序上，受益人需要向相关法院申请传票，由相关的司法人员发给指定人，并要考虑该外国的法律。但是如果执行该外国法院的判决将减损在法国的当事人依据法国法律所获得的权利，则这项判决的效力将受到减损。而如果该外国法院要求维持既已作出的判决的权威，而其申请法国法院的协助，则法国法院有权依据法国法律继续执行该项判决。例如，依据外国法院的判决可以为预防措施而提前扣留财产，在法国法院未执行之前。

本章主要归纳互惠原则在法国国际私法中的特殊适用情况。即在外国人地位法律中的互惠原则之外，还有最低保障待遇原则与同化原则；在准入中的特殊制度有如家庭团聚，新法令旨在促进外国人在法国的正常家庭生活的实现。另有申请庇护制度。有关居住的特殊适用有如对外国人融入法国社会生活的要求与途径作出的更加细致的规定。特殊适用还包括强制离境，强制离境包括义务离开法国领土与因下达驱逐令而驱逐出境。关于互惠原则于外国人在法国的权利的特殊适用方面，有外国人在法国的公权利的特殊规定。作为确定公司所在地之互惠原则的例外有控制说制度。控制说常常体现于一些特殊的法律问题之中，如战争损害的赔付、公共服务特许、银行活动、旅游代理、出版等。只要上述活动与法国有最低限度的相关，法国认为即可以主张适用法国的法律。实践中，法国法官并非总是能够坚持遵守互惠原则平等地适用外国法。作为解决管辖权冲突的互惠原则的特殊适用，有管辖权选择制度。作为外国判决承认与执行的互惠原则的特殊适用，有财产判决书方面的特殊规定。

对完善中国国际私法的启示

一、法国国际私法中互惠原则的价值转化功能

法系学方法侧重对全部法律领域进行充分的体系化，为形成体系，主要借助的是编纂概念、类型（模组）、法律原则及功能概念。编纂概念的位阶构造为体系化的基础，可以将法律规范纳为一个整体，从而形成部门法的法律规范外部体系。作为外部体系的法律规范本身不用于体现价值。法律体系的形成以概念为基础，以价值为导向，因此，其间以归纳或具体化而得出的类型或原则为其联结上的纽带。法律原则恰处于法律价值和法律概念之间，即价值判断在法律概念中是隐藏的，而法律原则的作用则是使价值判断显现出来，因此法律原则的功用是将法在价值上的统一性再现出来。

作为传统大陆法系国家的法国，正是以互惠原则来实现国际私法在价值上的统一性的。从法律渊源角度来说，法国冲突法规范太过缺乏，国际性渊源又太过繁杂，各类法律渊源之间不断涌现出冲突的倾向。条约的适用本身也成为问题，虽然条约的效力一般被肯定，可是对条约的解释、条约的适用方法以及法官的解释权的规限等诸多问题目前仍没有能够统一解决的法典化规范。构建法国国际私法外部体系的法律规范包括四大部分，分别为国籍法、外国人地位法、冲突法和司法冲突法。其中，除冲突法具有私法性质，国籍法、外国人地位法、司法

冲突法都是具有公法性质的法律。因此，如何使这些本身不具有价值判断的、数量不断增多的、更迭频繁的法律规范统一起来，是法国司法体系面临的持续不断的挑战。法国通过在其《宪法》第 55 条和《民法典》第 11 条中规定互惠原则，为解决各类法律渊源的冲突、国籍的判定、外国人地位、冲突法的适用、司法管辖权冲突和外国判决的承认和执行指明了方向。虽然，法国本国冲突规范匮乏，但将司法判例和学说辅助列为国际私法的法源，更能将国际私法的正义价值，通过互惠原则内化到法国的国际私法体系之中。

二、中国有关互惠原则的立法现状

在国际交往原则方面，1954 年中国在与印度就有关西藏问题的谈判中就首次提出了"和平共处五项原则"，其中平等互利、和平共处描述的就是国家主体平等情况下实现互惠互利的和谐局面。《联合国宪章》和《关于各国依联合国宪章建立友好关系及合作之国际法原则之宣言》没有直接将互惠原则列为国际法的基本原则，很多国际性文件在签订时采用的表述是"和平共处五项原则"。这一方面体现了互惠原则在国际社会中的基础地位，另一方面也体现了我国倡议的"和平共处五项原则"所取得的国际影响力。

（一）中国相关立法

我国的《宪法》[1]《缔结条约程序法》和《立法法》就我国缔结条约的职权、程序和国内制定法各法律渊源形式的效力等级作了具体规定。我国缔结或参加的国际条约，除声明保留的条款外可直接适用，无需再转化成国内法适用。并且，当我

---

〔1〕《宪法》，即《中华人民共和国宪法》。为表述方便，本书中涉及我国法律文件直接使用简称，省去"中华人民共和国"字样，全书统一，后不赘述。

国的国内法与缔结或参加的国际条约规定不一致的情况下，国际条约处于优先适用的法律地位。依据中国法律互惠原则的法律内涵主要由《宪法》《民法典》和《民事诉讼法》等法律所体现：

《宪法》序言

中国坚持独立自主的对外政策，坚持互相尊重主权和领土完整、互不侵犯、互不干涉内政、平等互利、和平共处的五项原则，坚持和平发展道路，坚持互利共赢开放战略，发展同各国的外交关系和经济、文化交流，推动构建人类命运共同体。

第 32 条 中华人民共和国保护在中国境内的外国人的合法权利和利益，在中国境内的外国人必须遵守中华人民共和国的法律。

中华人民共和国对于因为政治原因要求避难的外国人，可以给予受庇护的权利。

《民法典》

第 12 条 中华人民共和国领域内的民事活动，适用中华人民共和国法律。法律另有规定的，依照其规定。

第 464 条 合同是民事主体之间设立、变更、终止民事法律关系的协议。

婚姻、收养、监护等有关身份关系的协议，适用有关该身份关系的法律规定；没有规定的，可以根据其性质参照适用本编规定。

第 466 条 当事人对合同条款的理解有争议的，应当依据本法第一百四十二条第一款的规定，确定争议条款的含义。

合同文本采用两种以上文字订立并约定具有同等效力的，对各文本使用的词句推定具有相同含义。各文本使用的词句不一致的，应当根据合同的相关条款、性质、目的以及诚信原则等予以解释。

第467条第2款 在中华人民共和国境内履行的中外合资经营企业合同、中外合作经营企业合同、中外合作勘探开发自然资源合同，适用中华人民共和国法律。

第468条 非因合同产生的债权债务关系，适用有关该债权债务关系的法律规定；没有规定的，适用本编通则的有关规定，但是根据其性质不能适用的除外。

《民事诉讼法》

第4条 凡在中华人民共和国领域内进行民事诉讼，必须遵守本法。

第5条 外国人、无国籍人、外国企业和组织在人民法院起诉、应诉，同中华人民共和国公民、法人和其他组织有同等的诉讼权利义务。

外国法院对中华人民共和国公民、法人和其他组织的民事诉讼权利加以限制的，中华人民共和国人民法院对该国公民、企业和组织的民事诉讼权利，实行对等原则。

第6条 民事案件的审判权由人民法院行使。

人民法院依照法律规定对民事案件独立进行审判，不受行政机关、社会团体和个人的干涉。

第271条 中华人民共和国缔结或者参加的国际条约同本法有不同规定的，适用该国际条约的规定，但中华人民共和国声明保留的条款除外。

第299条 人民法院对申请或者请求承认和执行的外国法院作出的发生法律效力的判决、裁定，依照中华人民共和国缔结或者参加的国际条约，或者按照互惠原则进行审查后，认为不违反中华人民共和国法律的基本原则且不损害国家主权、安全、社会公共利益的，裁定承认其效力，需要执行的，发出执行令，依照本法的有关规定执行。

从上述法条可以看出，互惠原则是贯穿于我国涉外交往的法律制度体系之中的，《宪法》序言列举的五项原则中平等互利、和平共处充分诠释了国际社会中的互惠的内涵，《民法典》和《民事诉讼法》的相关法条也充分体现了给予外国人在互惠原则基础上平等的法律地位和权利。我国当前相关的涉外法律关系均遵从已经签订的条约或协定，或者按照双方共同缔结或者参加的多边国际条约的条款，如果没有相关法律依据，则依据互惠原则进行审理。依据互惠原则，外国人、无国籍人、外国企业和组织在我国领域内进行民事诉讼，享有我国公民、法人的同等权利，有利于各国间平等交往。我国的涉外民事诉讼实行互惠原则，一方面可以维护我国的主权，另一方面也能保护我国的公民、法人和其他组织在国外进行民事诉讼时的合法权益，如果我国公民在某国进行民事诉讼，该国法院采取歧视态度，不允许其委托诉讼代理人，那么我国法院在审理该国公民的民事诉讼案件时，也同样不允许该国公民委托诉讼代理人。同等的诉讼权利和义务有两方面含义：一是外国人、无国籍人、外国企业和组织与我国公民、法人和其他组织按照我国实体法和程序法的规定，有同等的诉讼权利能力和诉讼行为能力；二是外国人、无国籍人、外国企业和组织在我国法院起诉、应诉，享有与我国公民、法人和其他组织同等的民事诉讼权利，承担相同的民事诉讼义务，不能因其是外国人或者外国企业而有所歧视，或者给予特殊照顾。

《民事诉讼法》第 5 条所述的"对等原则"是指外国法院对我国公民、法人和其他组织的民事诉讼权利加以限制的，我国法院对该国公民、企业和组织的民事诉讼权利，实行同等限制。对等原则是国际关系中的一项基本原则，也是对外处理国际事务的一项基本政策，目的主要是使各国间相互尊重主权，实现平等交往。

（二）相关司法解释

我国司法实践对法律的解释被分成三类：立法解释、司法解释和行政解释。其中，司法解释属于授权性质，由最高国家权力机关全国人民代表大会及其常务委员会授予司法机关（法院与检察院）行使，分为法院规范解释与法官裁量解释。我国目前的司法解释也是法官审理案件的依据，但却不是正式的法律渊源。另外，自1985年起我国最高人民法院开始以公报形式正式发布案例，公报不具有法律约束力，但在实践中具有指导法官的功能。

在关涉国际私法的法律适用问题上，最高人民法院《关于审理涉外民事或商事合同纠纷案件法律适用若干问题的规定》已于2007年6月11日由最高人民法院审判委员会第1429次会议通过，自2007年8月8日起施行，目前已失效。我国审理涉外民商事合同纠纷适用法律的具体步骤可以归纳为：第一，查明我国法律中是否存在必须适用的强行性规则，即合同争议是否必须适用我国法律。第二，根据当事人意思自治的原则，判断当事人是否选择了适用的法律。当事人选择适用的法律的范围包括中国法、外国法、国际条约和国际惯例。如果当事人的选择没有违反我国的公共利益和我国法律的强行性规定，法院和仲裁机关就应当直接适用当事人选择的法律。第三，在我国法律没有规定必须适用的强行性规则，当事人也没有选择适用的法律时，根据国际条约优先适用的原则，法院和仲裁机关应当查明该争议是否属于具体国际条约的适用范围。如果双方当事人所属国都是该国际条约的缔约国或参加国，则应直接适用国际条约的规定。第四，如果我国法律没有规定必须适用的强行性规则，双方当事人又没有选择适用的法律，争议并不属于相应国际条约的管辖范围，则应该以中国内国的冲突规范决定应该适用的法律。第五，如果我国法律对所争议的合同的法律适用没有明确的冲突规范规定，则应当根据最密切联系原则，适用与合同有最密切联系的国家或地区的法律。第六，如果根据中国内国冲突规范的指引，应该适用外国法，则应依照中国法律规定的查明方法来查明该外国法关于案件争议问题的具体法律规定，在用尽上述方法仍然无法查明，可以适用中国的相关法律规定。第七，如果根据中国内国冲突规范的指引，应该适用中国法，则直接适用我国的具体法律规定。第八，如果在适用中国法律时，发现中国法律的规定与中国参加或缔结的国际条约相抵触，则原则上应适用国际条约的规定。第九，如果中国法律和国际条约对案件争议焦点问题没有相应规定，法院和仲裁机关可以选择参照适用相关的国际惯例。

（三）相关法律实践

一般司法协助系一国法院接受他国法院的委托，代为一定的诉讼行为，在诉讼上所给予的协助。其内容是代为送达文书，调查取证以及进行其他诉讼行为。我国法院为外国法院代为一定诉讼行为，前提是有条约或者互惠关系的存在，原则是请求司法协助的事项不得有损我国的主权、安全或者社会公共利益，否则不予执行。请求和提供司法协助，按条约规定的途径进行。外国驻我国领使馆可以向该国公民送达文书和调查取证，但不得违反我国法律，并不得采取强制措施，未经我国主管机关准许，任何外国机关或者个人不得在我国领域内送达文书、调查取证。外国法院请求我国法院提供司法协助的请求书及其所附文件，应当附有汉语译本或者国际条约规定的其他文字文本。我国法院提供司法协助，依照我国法律规定的程序进行。外国法院请求采用特殊方式的，也可以按照其请求的特殊方式进行，但请求采用的特殊方式不得违反我国法律。

对外国法院裁判的承认和执行，根据我国《民事诉讼法》第298条和第299条的规定，外国法院作出的发生法律效力的判决、裁定，需要我国人民法院承认和执行的，其申请和请求的提出，有两种渠道、两个条件、一个前提和两个原则。两种渠道，一是可以由当事人向我国有管辖权的中级人民法院提出申请；二是也可以由外国法院请求我国法院予以承认和执行。两个条件，一是外国法院的裁判必须是发生法律效力的裁判；二是需要在我国生效的，或者既需要在我国领域内生效，又需要在我国执行的。一个前提是，外国法院向我国法院提出请求，该法院所在国必须与我国有条约规定，或者存在互惠关系，我国法院只能根据条约规定或者按照互惠的原则接受请求。两个原则，一是不违反中华人民共和国法律的基本原则；二是不违反我国国家主权、安全、社会公共利益的原则。不具备上述前提条件，不符合上述原则的，我国人民法院不予承认和执行。

对外国仲裁裁决的承认和执行，根据我国《民事诉讼法》第304条的规定，外国仲裁机构的裁决，需要我国法院承认和执行的，应当由当事人直接向被执行人住所地或者其财产所在地的中级人民法院申请，人民法院应当按照我国缔结或者参加的国际条约，或者按照互惠原则办理。我国是1958年《承认及执行外国仲裁裁决公约》的参加国，对在该条约成员国领土内作出的仲裁裁决，按照该公约的规定承认和执行；对于在非缔约国领土内作出的仲裁裁决，需要在我国法院承认和执行的，人民法院应当按照互惠原则办理。

我国法院需要外国法院提供司法协助的，可以根据我国缔结或者参加的国际条约，或者按照互惠原则，依照我国《民事诉讼法》的有关规定进行。即可以请求外国法院代为送达文书、调查取证以及进行其他诉讼行为；人民法院作出的发生法律效力的判决、裁定，如果被执行人或者其财产不在我国领域内，当事人申请执行的，除当事人直接向有管辖权的外国法院申请承认和执行外，也可以由人民法院请求外国法院承认和执行。请求外国法院司法协助的请求书及其所附文件，应当附有该国文字译本或者国际条约规定的其他文字文本。我国涉外仲裁机构作出的发生法律效力的仲裁裁决，需要在外国法院申请承认和执行的，由当事人直接向有管辖权的外国法院申请承认和执行。

2015 年最高人民法院发布的《关于人民法院为"一带一路"建设提供司法服务和保障的若干意见》开篇就提出"一带一路"传承和发扬古代丝绸之路"和平合作、开放包容、互学互鉴、互利共赢"精神，充分体现了国际交往的互惠基础。在建设司法服务和保障国际公信力的措施方面，该意见第 6 条明确提出应该加强与"一带一路"沿线各国的国际司法协助，切实保障中外当事人合法权益。"要在沿线一些国家尚未与我国缔结司法协助协定的情况下，根据国际司法合作交流意向、对方国家承诺将给予我国司法互惠等情况，可以考虑由我国法院先行给予对方国家当事人司法协助，积极促成形成互惠关系，积极倡导并逐步扩大国际司法协助范围。"此处可以看出我国已经采取更为积极的方式倡导国际社会互惠原则的贯彻，在司法服务领域积极倡导先行提供司法服务，以促成相关国家对我国的互惠。这相比单方面以立法规定以互惠原则为基础，提供司法协助的方法，更加体现实质互惠价值，也给予对方给中国相应的司法协助依据。第 7 条提出"依法准确适用国际条约和惯例，准确查明和适用外国法律，增强裁判的国际公信力"。[1]这对互惠原则中"条约优先"的涉外法律适用提出了更高标准的要求，不仅强调了国际法上的遵守已签订条约的义务，更是对司法实践中条约和外国法的解释和适用提出了具体的要求，即对条约和外国法的解释需要考虑到相关国家的文化背景、法律制度和传统习惯等方面的差异，体现了更高程度的司法尊重。

2022年我国与东盟各国在第3届中国—东盟大法官论坛中通过了新的《南宁声明》，该声明达成了"推定互惠"的共识，即原则性地肯定了互惠原则在各成员方关于承认与执行外国法院判决中的适用。在双边条约方面，我国当前与39个国家签订了双边司法协助的协定，其中有34项涉及承认和执行协议方法院判决的条款。在多边的国际公约方面，2019年海牙国际私法会议第22届外交大会通过了《承认与执行外国民商事判决公约》（Convention of 2 July 2019 on the Recognition and Enforcement of Foreign Judgments in Civil or Commercial Matters，以下简称《执行公约》），中国代表团与其他各国代表出席了闭幕式并对《执行公约》文本进行了签署确认。该公约的执行将对各国的司法实践产生重大影响，目前仅4个国家批准，分别为美

---

[1]　进一步讲，要不断提高适用国际条约和惯例的司法能力，在依法应当适用国际条约和惯例的案件中，准确适用国际条约和惯例。要深入研究沿线各国与我国缔结或共同参加的贸易、投资、金融、海运等国际条约，严格依照《维也纳条约法公约》的规定，根据条约用语通常所具有的含义按其上下文并参照条约的目的及宗旨进行善意解释，增强案件审判中国际条约和惯例适用的统一性、稳定性和可预见性。要依照《涉外民事关系法律适用法》等冲突规范的规定，全面综合考虑法律关系的主体、客体、内容、法律事实等涉外因素，充分尊重当事人选择准据法的权利，积极查明和准确适用外国法，消除沿线各国中外当事人国际商事往来中的法律疑虑。要注意沿线不同国家当事人文化、法律背景的差异，适用公正、自由、平等、诚信、理性、秩序以及合同严守、禁止反言等国际公认的法律价值理念和法律原则，通俗、简洁、全面、严谨地论证说理，增强裁判的说服力。

国、塞浦路斯、葡萄牙和荷兰，包括我国在内的大多数国家并未批准。

中国目前尚未加入任何关于外国民商事判决承认与执行的公约。对于外国判决，中国法院目前承认与执行的依据仅有两种：通过中国与其他国家签订的双边司法协助条约或依据互惠原则。就前者而言，虽然中国已与30多个国家签署了包含承认与执行法院判决的双边条约，但其中并不包括与中国经济往来最密切的国家（如美国、新加坡、韩国等）。关于互惠原则，由于实践中中国法院对于互惠原则标准的认定较为严苛，仅有少数外国判决能够通过该原则获得承认与执行。随着"一带一路"倡议的逐步深化和演进，上述两种途径显然无法满足日趋开放的中国经济对于国际司法协助的需求。为解决该问题，最高人民法院也试图通过扩大"互惠原则"外延的方式使得更多外国判决在中国获得承认与执行，但该等个案调节的操作难以满足呈指数型增长的涉外案件的处理需求。如中国签署和批准《执行公约》，能在很大程度上系统性地解决外国判决在中国跨境执行的问题；同时也能促进中国法院判决在其他缔约国的承认和执行。

（四）典型案例

日本公民五味晃申请中国法院承认和执行日本法院判决案

申请人：五味晃，男，1932年11月8日生，日本籍，住日本国神奈川县伊势原市东大竹×××-×号。

委托代理人：刘勇，中华人民共和国辽宁省大连涉外商贸律师事务所律师。

申请人五味晃因与日本国日中物产有限公司（法定代表人：宇佐邦夫）借贷纠纷一案，向中华人民共和国辽宁省大连市中级人民法院提出申请，要求承认日本国横滨地方法院小田原分院所作判决和日本国熊本地方法院玉名分院所作债权扣押令及债权转让命令在中华人民共和国领域内的法律效力，并予执行。

大连市中级人民法院审查了五味晃的申请。查明：申请人五味晃系日本公民，因与日本国日中物产有限公司（法定代表人：宇佐邦夫）存在借贷纠纷，经日本国横滨地方法院小田原分院判决，由宇佐邦夫及其公司向债权人五味晃偿还借款 1.4 亿日元。由于宇佐邦夫在本国无力偿还该项借款，日本国熊本地方法院玉名分院又下达扣押令和债权转让命令，追加宇佐邦夫在中国投资的中日合资企业大连发日海产食品有限公司为第三人，要求第三人将宇佐邦夫在该公司的投资款人民币 485 万元扣押，并转让给五味晃。上述判决及扣押令、债权转让命令经日本国有关法院依据国际海牙送达公约委托我国司法部向大连发日海产食品有限公司送达后，该公司认为日本国有关法院的判决对中国法人不应产生法律效力，故拒绝履行。为此，五味晃向大连市中级人民法院提出申请，要求承认并执行日本国有关法院的判决及扣押令、债权转让命令。

大连市中级人民法院认为，《中华人民共和国民事诉讼法》第 268 条规定："人民法院对申请或者请求承认和执行的外国法院作出的发生法律效力的判决、裁定，依照中华人民共和国缔结或者参加的国际条约，或者按照互惠原则进行审查后，认为不违反中华人民共和国法律的基本原则或者国家主权、安全、社会公共利益的，裁定承认其效力，需要执行的，发出执行令，依照本法的规定执行。违反中华人民共和国法律的基本原则或者国家主权、安全、社会公共利益的，不予承认和执行。"我国与日本国之间没有缔结或者参加相互承认和执行法院判决、裁定的国际条约，亦未建立相应的互惠关系。

据此，该院于 1994 年 11 月 5 日作出终审裁定：驳回申请人五味晃的请求。

案件受理费人民币 200 元，由五味晃承担。

我国《民事诉讼法》第 299 条规定我国法院在承认与执行外国法院判决时需要先审查相关国家是否和我国存在互惠或条约关系，以此作为承认和执行相关国家判决的前提。实践中对是否存在互惠关系的认定并没有明确的判定标准，个案中只能依赖法官的判断。在上述案例中，大连市中级人民法院采取了保守和严格的事实互惠要求，即中国和日本之间没有事实的互惠先例发生，推定中国和日本之间不存在有关的互惠关系。之后，辽宁省高级人民法院就此案向最高人民法院提出请求，最高人民法院对此《复函》，于是为我国后续相关案件确立了保守和严格的"事实互惠"的标准。很多法院依据《复函》处理多起相关案件，结果是许多国家法院的判决在我国没有得到承认和执行。与此相应，我国法院的涉外判决也被这些国家法院拒绝承认与执行。

韩国出口保险公司诉中国工商银行潍坊市分行信用证贷款纠纷案

审理法院：最高人民法院

文书类型：民事裁定书

案　　号：[2018] 最高法民申 2779 号

雅翔公司向本院申请再审称：

（一）二审判决认定雅翔公司信用证欺诈错误。1. 雅翔公司不存在欺诈的事实和动机，不构成信用证欺诈。构成欺诈的前提是信用证受益人进行故意或错误的事实表述，以便谋取不正当利益。如信用证受益人对提单等贸易和运输单证本身及其记载内容的真伪不知情，未参与虚假单证的制作，则不应将其出示单证的行为界定为"欺诈"。案涉货物报关单显示案涉货物已于 2010 年 5 月 14 日进行出口申报。根据金东奎的证言，案涉货物已于 2010 年 5 月 13 日进行验收。汉州公司提供的"仁川海关给 NASCO 的通报"证明案涉货物已经运抵目的港，雅翔公司不存在利用信用证进行欺诈的动机，更无利用信用证进行欺诈的必要。2. 雅翔公司提交议付的提单真实存在。《关于律师询问函的答复》作为新证据可以证明提单签发主体"WEIFANGO-CEANINTERNATIONALSHIPPINGAGENCYCO.，LTD"真实存在，其对应中文名称为"潍坊远洋国际船舶代理有限公司"，该公司于 2003 年 12 月登记设立，目前仍在经营。在二审法院调查笔录中，潍坊远洋国际船舶代理有限公司负责人称，其未签发过涉案提单。在提单真伪未经鉴定、其上加盖潍坊远洋国际船舶代理有限公司提单签发用章的前提下，仅依据潍坊远洋国际船舶代理有限公司负责人单方面的口头声明，不能得出提单属伪造的结论。

（二）二审法院错误割裂基础交易与信用证之间的关系。信用证作为一种支付手段，不能与基础交易完全割裂。在审理信用证欺诈案件中，应将基础交易是否真实存在作为重点审查的内容之一。在［2016］鲁民终 1352 号民事判决书中，二审法院已作出终审判决，认定雅翔公司与第三人汉州公司之间的买卖合同合法有效，雅翔公司已经按照买卖合同的约定交付货物，并且货物已运抵目的港仁川港，同时已经电放货物。买方汉州公司如果有提货的意愿，无需正本提单就可以提取货物。但因汉州公司未提取货物，导致货物滞留仁川港并被韩国海关拍卖。如果认定雅翔公司构成信用证欺诈，将导致雅翔公司钱货两空。

（三）中小企业银行拒付行为违反《跟单信用证统一惯例》

第 600 号出版物的规定。本案适用《跟单信用证统一惯例》第 600 号出版物的规定，开证行应从交单次日起至多 5 个银行工作日用以确定交单是否相符。中小企业银行于 2010 年 5 月 26 日收到相关单据，扣除公共假日及韩国全国地方选举日，中小企业银行最迟应在 2010 年 6 月 3 日前审核单据确定交单是否相符，中小企业银行虽在 2010 年 6 月 3 日的电传中指明不符点为禁付令，却未能提供禁付令的文本，经过交单行的督促，直到 2010 年 6 月 9 日才电传了汉州公司申请韩国法院颁发禁付令的申请，而汉州公司在 2010 年 6 月 15 日仍在补充申请材料，韩国法院颁发禁付令的时间是 2010 年 6 月 21 日。中小企业银行在审单期限内并未收到韩国法院颁发的禁付令，其拒付行为违法。综上，雅翔公司依据《中华人民共和国民事诉讼法》第 200 条第 1 项、第 2 项、第 6 项的规定申请再审。

法院观点：

本院经审查认为，本案系当事人申请再审案件，应当围绕雅翔公司申请再审的理由是否成立进行审查。关于本案是否存在足以推翻原判决的新证据。2010 年 5 月 19 日，雅翔公司向中国工商银行潍坊市分行交单议付的提单记载，案涉货物发运人为"雅翔公司"，收货人为"依中小企业银行指示"，通知人为"汉州公司"，该提单的出具地为中国青岛，时间为 2010 年 5 月 15 日，装运港为青岛港，卸货港为韩国仁川港，运费支付地为目的地，船舶号为 X-PRESSTOWERV. ×××E，装船日期为 2010 年 5 月 15 日，承运人签署处载明 "NASCOINTERNATIONAL-FREIGHTFORWARDERCO. , LTD" "WEIFANGOCEANINTERNA-TIONALSHIPPINGAGENCYCO. LTDASAGENTFORTHECARRIER"。中小企业银行及汉州公司均主张该提单的签发人不存在。

二审法院通过查询国家企业信息公示系统，未发现"潍坊国际船舶代理有限公司"的信息，与之相近的企业名称只有"潍坊远洋国际船舶代理有限公司"。二审法院向潍坊远洋国际船舶代理有限公司进行了调查，该公司法定代表人表示雅翔公司提交议付的涉案提单并非其公司签发，该提单与潍坊远洋国际船舶代理有限公司无关。就上述调查形成的调查笔录，雅翔公司质证认为其提交议付的提单签发人与潍坊远洋国际船舶代理有限公司不是同一家公司，调查笔录与本案无关。雅翔公司申请再审提交《关于律师询问函的答复》用以证明提单签发主体"WEIFANGOCEANINTERNATIONALSHIPPINGAGENCYCO.，LTD"真实存在，其对应中文名称为"潍坊远洋国际船舶代理有限公司"，该主张与雅翔公司二审陈述前后矛盾。此外，即使"WEIFANGOCEANINTERNATIONALSHIPPINGAGENCYCO.，LTD"与"潍坊远洋国际船舶代理有限公司"为同一主体，潍坊远洋国际船舶代理有限公司在《关于律师询问函的答复》中并未否定其法定代表人陈述的涉案提单并非该公司签发的事实。雅翔公司提交的上述证据不足以推翻二审判决认定的基本事实。

关于二审判决认定的基本事实是否缺乏证据证明问题。如前所述，二审法院通过国家企业信息公示系统未查询到"潍坊国际船舶代理有限公司"的信息，二审法院向与之名称相近的"潍坊远洋国际船舶代理有限公司"进行了调查，该公司法定代表人表示雅翔公司提交议付的提单并非该公司签发，且涉案货物的承运人 NASCO 公司出具证明表示雅翔公司提交议付的提单并非该公司的提单。虽然金东奎在另案中证明雅翔公司接收的提单系相关代理公司送交到雅翔公司办公室，但该证明也仅能证明提单的一个流通环节，并不能证明提单的真实性。二审判决认定雅翔公司提交中国工商银行潍坊市分行议付的涉案提单为虚假提单具有事实依据。

关于二审判决适用法律是否错误问题。根据信用证独立抽象性原则，信用证一经开出，便独立于基础合同，雅翔公司认为二审判决割裂基础交易与信用证之间的关系，应将基础交易是否真实存在作为重点审查的内容之一缺乏事实和法律依据。《最高人民法院关于审理信用证纠纷案件若干问题的规定》第8条规定："凡有下列情形之一的，应当认定存在信用证欺诈：（一）受益人伪造单据或者提交记载内容虚假的单据……"二审判决基于雅翔公司提交议付的提单为虚假提单的事实，根据上述司法解释的规定认定雅翔公司存在信用证欺诈并无不当。《最高人民法院关于审理信用证纠纷案件若干问题的规定》第15条规定："人民法院通过实体审理，认定构成信用证欺诈并且不存在本规定第十条的情形的，应当判决终止支付信用证项下的款项。"二审判决对雅翔公司要求中小企业银行付款的主张不予支持并无不当。

综上，雅翔公司的再审申请不符合《中华人民共和国民事诉讼法》第200条第1项、第2项、第6项规定的情形，本院依照《中华人民共和国民事诉讼法》第204条第1款、《最高人民法院关于适用〈中华人民共和国民事诉讼法〉的解释》第395条第2款之规定，裁定如下：

驳回雅翔公司的再审申请。

2018 年 11 月 23 日

中国和韩国在2003年签署了一项关于民商事司法协助的双边条约，但该条约只涉及两国之间仲裁裁决的执行，而不涉及法院判决的执行。因此，中韩两国法院裁决的相互执行主要基于各自的国内法律规定。韩国关于外国法院判决执行的主要规定是韩国《民事诉讼法》第217条和韩国《民事执行法》第26

条和第 27 条第 2 款。其中韩国《民事诉讼法》第 217 条仅要求相互保证的存在，而未作进一步说明。韩国法院在 2004 年的一项判决中明确阐述了相互保证，即如果判决所在国的法律对外国法院判决的执行的规定与韩国的法律规定没有失衡，并且在重要事项上没有实际的差异，则可以认定韩国《民事诉讼法》第 217 条第 4 款的相互保证要求得到满足。这一标准在 2009 年的韩国法院判决中适用，并于 2014 年被纳入现行的韩国《民事诉讼法》。

韩国首尔地方法院以山东省潍坊市中级人民法院的判决具有既判力为由，驳回了原告的诉讼请求。法院对比了当时中韩两国的相关法律规定，认为两者本质相同，存在相互保证。这是中韩之间最早的相互保证案例。为了鼓励中国法院执行韩国法院的判决，初审法官在裁决书的最后部分特别指出，虽然韩国法院维持中国法院的判决是因为中韩之间存在相互保证，但如果未来出现中国法院以中韩之间不存在相互保证为由拒绝执行韩国法院判决的案件，韩国法院很难认定两国之间存在相互保证。此外，以韩国国际私法学者石光现教授为代表的韩国学界和实务界一直在努力向中国传达上述案件所解释的信息，同时也希望中国认识到，韩国法院已经开创了执行中国判决、满足中国法律互惠要求的先例。

2011 年中国法院受理的一起案例，原本可以成为确认中韩之间存在事实互惠关系的机会。2011 年，SPRING 通信公司向深圳市中级人民法院申请执行 2010 年 12 月 14 日韩国首尔西部地方法院对被告朴某（韩国人）支付 1.9 亿韩元及利息的判决。原告主张中韩之间存在互惠关系，并提交了 1999 年韩国首尔地方法院关于中国法院判决执行的判决书副本。但深圳市中级人民法院作出了如下裁定：“由于中国和韩国没有缔结或参加相互承认和执行法院判决、裁定的国际条约，没有建立相应的互惠关系，申请人 SPRING COMM 的申请缺乏法律依据，应当予以驳回。"中国法院的裁决书没有提及韩国首尔地方法院此前关于执行中国法院判决的先例，也没有讨论基于互惠原则执行韩国判决的可能性，而只是简单地得出结论，认为中韩之间缺乏相关的国际条约和互惠关系，不会被执行。考虑到 1999 年韩国首尔地方法院对中国法院判决的执行所采取的态度，韩国法院很有可能因为互惠而拒绝执行中国法院的判决。因此，从中韩两国现有的司法实践来看，互惠原则很难再起到促进双方判决相互执行的作用，主要的解决办法可能是绕开互惠原则的认定并促进相关国际条约的加入或签署。

三、对中国国际私法的启示

（一）明确法官法的效力及其与国家制定法的关系

法官法对国际私法而言具有非同一般的意义，这甚至是由国际私法冲突规范本身结构的性质决定的。冲突规范不同于一般的法律规范，李双元教授运用逻辑学的方法从语句结构和运用上对冲突规范的性质和特点作出了归纳，揭示了从逻辑结构而言冲突规范本身即具有法官法的性质，在识别、涵摄、确定连结点、选取冲突规范、依据冲突规范选取准据法、准据法的适用的全部过程中，适用冲突法的主体，都指向法官和仲裁裁判机构。在此基础上进一步从文法关系方面对冲突规范的表述进行分析，更能发现冲突规范所具有的不同于一般法律规范的权力格局。

在法律行为中，有"施体"和"受体"，"施体"指的是实施行为的主体，"受体"指的是其相应的受事体。为了揭示冲突规范语句内在的特点，有必要先分析普通的实体法规范的语句模式，例如：

外国人、无国籍人、外国企业和组织在人民法院起诉、应诉，需要委托律师代理诉讼的，必须委托中华人民共和国的律师。

施体：外国人、无国籍人、外国企业和组织
行为：起诉、应诉、委托
受体：中华人民共和国的律师

在上述实体法规范中，法院是中立于利益的，法院的裁判行为独立于实体法所规定的法律行为。

以下是冲突规范的语句模式分析：

"凡侵权行为的构成及责任应适用侵权行为地法。"

首先还原本句的省略部分：凡（当事人）侵权行为的构成及责任，（法院或仲裁机关）应当适用侵权行为地法。本句中，施体是隐性的，是司法机关或者仲裁机关，确切地说是对涉外案件有管辖权的法院。行为是"适用"。但最值得关注的是"受体"，此处的"受体"仍然是司法机关或者仲裁机关，是对案件有管辖权的法院或者仲裁机关本身。

可再选取冲突规范来观察和验证这种法律权力结构的变更：

"人的行为能力依其本国法。"

还原：（当事人）的行为能力（法院或者仲裁机关）依其本国法

施体：法院或者仲裁机关
行为：依据

受体：法院或者仲裁机关

"离婚适用受理案件的法院所在地法律。"

还原：（当事人的）离婚（法院或者仲裁机关）适用受理案件的法院所在地法律

施体：法院或者仲裁机关

行为：适用

受体：法院或者仲裁机关

由此可见，法院或者仲裁机关在一般实体法规范中，立场是客观中立的，其是作为与自己无利益关系的第三方公正地作出裁判；但是，在冲突规范中，法院或者仲裁机关的立场是主观的，他们是在选择自己下阶段的行为。现实中的法官有选择适用自己熟悉的本国法的天然倾向。此种权力结构的不同，在实践中必将导致法律价值的更迭。

下述各种学说亦论证了法官法的重要：

实证法学的基本观点在于法律仅由国家制定，但分析实证主义代表人物奥斯丁（Austin）却坚持认为法官所造的法才是真正意义上的实在法。奥斯丁在解释法官造法的实际权力时认为，该权力是由国家授予的，虽然国家可以明示的方式授予法官造法的权力，但一般来说国家都通过默许的方式授予法官这一权力。美国分析实证主义代表人物格雷（Gray）甚至认为，法官所造的法才是最具决定意义的，因为只有在法院对具体案件所作的判决中，法律才会成为具体与实在的。问题在于，如果国家法律明确否认了法官造法的权力，这时该国法官在具体案件中所创制的判例是否仍然能被赋予法律这一称谓？且这时法官判例所产生的实际效力又给实证法学之法律概念造成挑战。对此我国需要深入考虑法官法的效力，明确其与国家立法的关系。

英美法律中的判例法不是立法者创造的，而是司法者创造的。因此，判例法也被称为普通法。判例法的基本思想是承认法律本身是不可能完备的，立法者只可能注重一部法律的原则性条款，法官在遇到具体案情时，应根据具体情况和法律条款的实质，作出具体的解释和判定。而法官在裁决具体案件的时候，如果遇到了国家法律没有规定，而又没有先例的案件，其裁决需要依据具有原则意义的法律途径。《联合国国际法院规约》第 38 条将公法家学说也列为国际法院参考判决的依据，其是基于现实社会存在法律漏洞的状态而对法律渊源的补充。法官在这种情况下依据学说进行了裁判，这个裁判就会在采用判例法的国家形成新的法律依据。这也表明在漏洞领域，法学家的学说也可能成为判例法的依据。

分析实证主义纯粹法学理论观点持有者凯尔森认为，应该把所有的评价标准和意识形态因素从法律科学中清除出去。凯尔森所言的法律只是"具有法律规范性质的、能够确定某些行为合法或者非法的规范"。在传统的大陆法系国家德国，法官法指制定法和习惯法没有作出规定，而最高法院判决所采用的裁判规定，其往往依据某种价值标准。德国最高法院通常将个案裁判公之于众，使之实际上成为日后审理同类案件的依据。这种情况在国家缺乏具体法律规范规制的时候显得尤为突出。德国联邦法院在 1966 年的年度报告中这样写道：

在任何时期内所施行的法都是制定法和法官法的混合，通过法院的理解而实施的法从来不会与立法者制定的法一致，对此法学者们不会有任何怀疑。人们总是只对法官法的标准存在疑义，而对法官法存在的正当性没有非议。

并且，在国际私法的特殊制度中，互惠原则作为贯彻国际私法正义价值的途径，必须经由法官在裁判中的具体适用。例如国际私法中的法律规避制度，法官在审理裁判时，如果判定认为构成法律规避，则其行为归于无效。问题在于，我们缘何能够将一个合乎法律的行为归于无效呢？究竟这一行为是违背了什么而可以又被法律判定为无效？或者说，为什么当事人不能以合法的形式避开本应适用的对其不利的强行法呢？欧洲大陆的学者普遍认为，法律规避是一种欺诈行为，而"欺诈使一切归于无效"，皆因欺诈行为是非正义的。由于它是非正义的，所以它虽然符合法律，却仍然不能有效。如果按照实证法学关于法即法律的定义，那么是不能将法律规避归于无效的，否则将导致逻辑悖论，即依照法律判定合法行为无效。如此，是否也可以依据法律判定违法行为有效？法律规避作为一种合乎法律，却与互惠正义相脱离的行为，需要法官依据法律原则进行裁量。例如，法国《民法典》第 11 条，中国《民法通则》第 8 条和第 10 条，就是对内外国人法律地位、权利和义务平等的总体性规则。法律原则通过法官的解释和适用才能够起到对正义的修正作用。

又如国际私法中的公共秩序保留制度。公共秩序保留条款产生的实质是不同国家、不同民族对何谓正义的理解是不同的，也就是承认正义是以多元的形式存在于不同的国家与民族之间的。[1] 为了调和这种矛盾，才产生了国际私法上的公共秩序保

---

〔1〕 帕瑞斯认为国际私法中的公共秩序保留条款是各国纯粹的共同利益模式的体现，因此各国都愿意接受公共秩序的保留条款，因为此项保留是明显对各方都有利的规定。这些规定虽然措辞不尽相同，但其基本精神是一致的。例如，1804 年法国《民法典》第 3 条第 1 款规定："警察和安全的法律，拘束居住于域内的一切人。" 1896 年德国《民法典施行法》第 30 条规定："外国法的适用，如违反善良风俗或德国法律的目的者，不适用之。" 1898 年日本《法例》第 33 条规定："应依外国

留原则。公共秩序是以国家与民族自身的正义观为依据而排除其他国家的法律适用的。在具体的国际私法案件中，需要法官依据法律原则进行判定和解释，即内国特殊的正义价值需要通过法律原则规定来阐释，法国的互惠原则通过法官的解释和适用担当了这项任务。

从互惠原则在法国的运作模式来看，其效力的实现主要通过法官法来落实。在国际私法案件运行的全部过程中，国际私法的实际效力都是通过法官在个案中的解释和适用来体现的。但是为了防止法官权力的滥用或者不恰当适用，如法律本身是公正的，但在具体裁判中法官作出了与正义价值不相符合的判决，导致不公正的判例法产生，则产生构建下一项制度的必要。

（二）建立保障法官法恰当运行的控制机制

法官法的效力得到肯定的前提是必须有统一的和内部协调的司法体系。中国国内的立法呈现无限增长的趋势，各内部法源与国际法源的关系需要得到协调，我国 2000 年《立法法》明确

（接上页）法时，如其规定违反公共秩序或善良风俗，不适用之。" 1942 年意大利《民法典》总则编第 2 章第 28 条规定："刑法、警察和公共安全法拘束在意大利领土上的一切人。" 同法第 31 条规定："不顾以上各条的规定，外国的法律和行为、一个组织或法人的章程和行为以及私人的契约如果违反公共秩序和善良风俗，在意大利领土上无效。" 1963 年捷克斯洛伐克《国际私法及国际民事诉讼法》第 36 条规定："适用外国法的结果，同捷克斯洛伐克社会主义共和国的社会制度、政治制度及法律原则相抵触时，不予适用。" 1964 年《苏俄民法典》第 568 条规定："外国法与苏维埃制度的基础相抵触时不得适用。" 1965 年波兰《国际私法》第 6 条规定："外国法违反波兰人民共和国法律的基本原则时不得适用"。1975 年阿尔及利亚《民法典》第 24 条规定："外国法根据以上各条的适用如果违反阿尔及利亚的公共秩序和善良风俗，应予排除。" 1978 年奥地利《关于国际私法的联邦法》第 6 条规定："外国法规定的适用如将导致与奥地利法律的基本价值不相容的结果，不得适用。必要时应以奥地利的相应法律代替适用。"

了在发生法律规范冲突时的调整规则。[1]但是，法官应当在裁判理由中对选择原因和依据进行适当说明。其次，关于法官对违反宪法的法律是否有义务适用的问题，在英美法系中法官有违宪审查权，即审查法律是否违宪的权力，如果发现法律违宪的情况就可以拒绝适用。相反，在大陆法系国家如法国，法官一般没有违宪审查权。违宪审查权由特别机关（如法国的宪法法院或者宪法委员会）来行使，任何法律只要形式上经历了立法程序，或者没有被有权机关认定为违宪，法官就不能直接拒绝适用。但是，在下位法违反宪法或者法律的明显情况下，普遍认为法官有权拒绝适用。例如，德国将此制度称为连带性审查，审查结果是在个案中拒绝适用与上位法相抵触的法律规范。最后，法官选取所应适用的法律，应以整个法律秩序为准进行涵摄。美国最高法院首席大法官马歇尔在麦迪森（Marbury v. Madison）

---

〔1〕　我国 2000 年《立法法》确立了下列几项适用规则：第一，上位法优于下位法；第二，同位阶的法律规范具有同等效力，在各自的权限范围内实施；第三，特别规定优于一般规定；第四，新法优于旧法；第五，不溯及既往原则。2000 年《立法法》第 83 条确立了"特别规定优于一般规定"和"新的规定优于旧的规定"两个规则；但如果新的规定是一般规定，旧的规定是特别规定，这时仅依靠适用规则就无法决定所应适用的法律规范，而必须依靠裁决机制来解决。此外，2000 年《立法法》对法官的选择适用权作了规定，即法官可以按照法律适用规则直接决定取舍和适用的，可以直接选择应当适用的法律规范，无需一概送请有权机关裁决。2000 年《立法法》第 5 章专门规定了"适用与备案"，包括适用规则、裁决机制与备案审查三个方面。其中，前两者均属于在特定情况下对发生冲突的法律规范的直接适用取舍，性质上均属于法律规范的具体适用规则（个案中的选择适用）；后者则属于对不合法或者不适当的立法的彻底纠正（变更或者撤销）。2000 年《立法法》第 5 章对"适用与备案"作出专章规定的主要目的是在法律规范发生冲突时能够由执行机关直接作出适用上的选择。例如，倘若法官在审判中能够直接判定下位法的有关规定与上位法相抵触，即可迳行适用上位法的规定，无需送请裁决。这也说明，选择适用与送请裁决是排斥性的选择关系，只能选择其一，不能同时并用，即能够直接适用的无需送请裁决，而需要送请裁决的不能直接选择适用。备案审查是彻底解决法律冲突的程序和途径，通常与特定情况下的具体适用规则并行适用。

案件中曾明确指出：违宪审查是一项勉为其难的权力，应该仅仅在法院为解决当下案件而不得不行使时才去行使。法院法官应用法律时必须力求全面。妥善解决国际私法中法律规范的冲突既是审判案件的必要，又是法官的司法职责。法律适用者应该寻找的是整个法律秩序中最佳的答案。在国际私法案件中，法官裁判案件不能将争议事实局限于某个法律规范的事实构成之中，而必须将特定的法律规范与整个法律秩序作为相互联系的内容与价值评价相统一的整体来适用。在解决具体国际私法法律问题时确保法律的统一、宪法的统一和法律秩序的统一，是司法维护法律体系统一的特殊功能。法律适用的整体性决定法官裁判国际私法案件时具有依据现行实证法来适用规则、解释规则甚至填补漏洞规则的方法，来解决法律冲突的义务。

（三）事实互惠、法律互惠与推定互惠认定标准的推进

我国法律实践中的互惠原则，当前仅局限于涉外判决的承认与执行范畴。在互惠的基础上，各国承认并执行对方的判决效果，以达到互惠互利的目的。这种以"国际礼让"概念为基础的互惠原则长期以来一直是国际社会中实现对外国判决承认和执行的先决条件之一。作为法律原则的互惠具有抽象的、丰富的内涵，导致在法律的具体适用中难以形成统一的标准。由于各国法律文化背景的巨大差异，对互惠原则具体适用的解释也千差万别。从国际社会法律实践的现状可以发现，通过双边或者多边谈判形成互相认可的国际条约，是互惠原则得以贯彻的较理想形式，如《欧盟运行条约》的践行效果对成员国而言是相对理想的，欧盟人权法院等机构也可以在成员方公民私权利的保障方面发挥对成员方主权行使的监督作用。然而，对他国法院判决的承认和执行对国家主权和司法主权而言影响较大，因此此类公约的谈判进程在国际社会普遍都非常艰难，即使形

成了一致文本，各国在签署承认和执行公约的时候也倾向于保守的态度。因此，当前国际社会在互惠原则的适用上，采取的多是"法律互惠"的方法，法律互惠首先要求国家有明确的法律确立了互惠原则适用，如我国《民事诉讼法》第 298 条的规定，即规定内国法院对他国法院的判决的承认和执行以存在互惠为基础。在解释互惠原则的时候，一般会经过一个审查环节，即了解相关国家法院是否已经存在给予我国互惠的先例。但在现实中，各国在法律文化、法律环境、法律公开和法律表述等方面存在客观差异，导致司法实践中对互惠存在的认定充满困难。事实互惠是在法律实践当中，采取比上述法律互惠更加严格的解释方式，仅在发现对方国家已经有给予我国相关的认可的先例，即对方国家已经存在对我国相关判决的承认与执行的案例的情况下，我国才认定对方与我国存在互惠关系。不难看出，如果双方国家都采取此种严格的事实互惠认定的方式，则双方都难以迈出实质的第一步，即先行认可对方的判决。

在我国与对方国家未签署相关双边或者多边条约的情况下，即两国间不存在司法协助的条约义务的情况下，依据"互惠原则"所作的审查，是我国法院承认和执行外国判决的唯一途径。然而关于互惠原则的具体审查标准，目前仅在《南宁声明》中表示出对各成员方"推定互惠"关系的存在，但也缺乏具体描述。因此，通过互惠原则在我国的诸多案例，可以看出法官均有严格解释缺乏存在事实的互惠关系的倾向。[1]上述案件中，

---

〔1〕　具体可见德国某公司于 2001 年 2 月申请承认法兰克福地方法院于 1998 年及 1999 年作出的关于与中国某租赁公司发生的一般融资租赁合同纠纷判决一案；俄罗斯国家交响乐团与阿特蒙特有限责任公司于 2004 年向北京市第二中级人民法院申请承认英国高等法院分别于 2002 年 10 月 3 日及 2003 年 2 月 27 日作出的其与北京国际音乐节协会之间合同纠纷的判决一案；澳大利亚弗拉西动力发动机有限公司

中国法院裁定的表述均是"我国与该国之间没有缔结或者参加相互承认和执行法院判决、裁定的国际条约，亦未建立相应的互惠关系"，因此，"对该国法院作出的判决的法律效力不予承认"。事实上，我国在司法实践中至今难以找到根据互惠原则，主动承认和执行外国判决的先例。

此外，亟须明确的还有关于互惠关系存在的举证责任问题。我国法院在司法实践中存在因为缺乏对相关国家已承认和执行我国判决的佐证，而判定双方不存在互惠关系的裁决［2011年SPRING通信公司向深圳市中级人民法院申请执行2010年12月14日韩国首尔西部地方法院对被告朴某（韩国人）支付1.9亿韩元及利息的判决］，从而将两国的互惠关系推向困境。并且，我国《民事诉讼法》、最高人民法院《关于适用〈中华人民共和国民事诉讼法〉若干问题的意见》等法律和司法解释均未提及互惠关系的举证责任问题。我国法院在有关互惠关系认定的判决书中也没有举证责任的说明，一般均简单表述为"经法院查明"。关于互惠关系的认定根据法律互惠和事实互惠的区分，也可在举证责任中有所区别。有关法律互惠的认定，属于司法和法律的范畴，适合由法院查明是否具有相应的国际条约或者协定，或者内国法的规定；有关事实互惠的认定，需要排除相关国家有否认互惠关系的先例存在，此处可由相对方自行提供该

（接上页）于2006年向深圳市中级人民法院申请承认和执行澳大利亚法院作出的判决一案；株式会社SPRING COMM于2011年向深圳市中级人民法院申请承认和执行韩国首尔西部地方法院第12民事部于2010年作出的支付金钱判决一案等。详见《最高人民法院公报》1991年第1期，北京市第二中级人民法院［2004］二中民特字第928号判决书，2007年3月1日《最高人民法院关于申请人弗拉西动力发动机有限公司申请承认和执行澳大利亚法院判决一案的请示的复函》［2006］民四他字第45号判决书，深圳市中级人民法院［2011］深中法民一初字第45号判决书。

国先例。例如，在南通案件〔1〕中，以色列法官认为："缺少互惠原则的举证责任在反对执行外国判决的一方。如果他不能履行举证责任，那么就证明有一个互惠的存在。"此处，则表达了更为宽容开放的推定互惠的立场。具有类似典型意义的案件还有苏州市中级人民法院关于昆山捷安特轻合金科技有限公司与雅科斯（远东）有限公司、上海阿提斯机电设备有限公司纠纷的判决在新加坡高等法院执行等。在中国和新加坡没有签署任何相关协定的情况下，新加坡法院通过推定互惠关系的存在承认和执行了中国法院的判决。〔2〕

2021 年 12 月，最高人民法院发布《全国法院涉外商事海事审判工作座谈会会议纪要》（以下简称《纪要》），总结了 2018 年以来的涉外海事商事审判经验，并对存在的前沿难点问题作出了相应规定。《纪要》第 44 条提出了承认国与国之间存在互

---

〔1〕 2017 年 8 月 14 日，以色列最高法院作出终审判决，维持以色列特拉维夫地区法院对江苏海外集团企业有限公司申请承认和执行江苏省南通市中级人民法院所作 [2009] 通中民三初字第 0010 号判决的一审判决。此案在以色列被称作"南通案件"，为中国民商事判决首次获得以色列法院的承认与执行。中国和以色列尚未缔结相关司法互助协议，此案也是以色列首次基于互惠原则承认和执行中国判决，对两国在司法领域的合作具有里程碑式的意义。

〔2〕 新加坡权威媒体《海峡时报》2013 年 8 月 12 日报道：中国大陆的判决首次在新加坡法院审理后得到执行。本案原告昆山捷安特轻合金科技有限公司是一家注册于苏州的外资合资企业，于 2003 年 12 月向被告雅科斯（远东）有限公司购买了两台发电机组。经有关出入境检验检疫机构检验核实，发电机原产国为新加坡或土耳其，而非合同约定的英国。苏州市中级人民法院经审理认为，交付标的物不符合约定，构成根本违约，判决被告雅科斯（远东）有限公司退还原告昆山捷安特轻合金科技有限公司，并赔偿损失。由于被告雅科斯（远东）有限公司是一家在新加坡注册的公司，原告在判决生效后向新加坡高等法院申请强制执行，并最终维持原判。判决在另一国的执行取决于两国缔结或加入的双边或多边国际条约、法律制度、公共政策以及判决程序的合法性等因素。目前，中国和新加坡没有签署任何关于相互承认和执行法院判决的双边或多边协定。在本案中，"判决起诉"在新加坡是通过不同的普通法程序提起的，法官在审查执行申请后决定承认和执行外国判决互

惠关系的三个条件，其中只有一个条件可以被承认为互惠关系的存在，即根据法院所在国（以下简称"法院国"）的法律，人民法院作出的民商事判决可以得到该国法院的承认和执行。我国与法院国已达成相互谅解或谅解；法院国通过外交渠道对我国作出了互惠承诺；或者我国通过外交渠道对法院国作出了互惠承诺，并且没有证据表明法院国以不存在互惠关系为由拒绝承认和执行人民法院的判决和裁定。同时，针对近来中国不同法院对同一外国法院民事判决再审作出不同互惠认定的案件，《纪要》在第49条中确认了承认和执行外国法院判决的报备及通报机制。《纪要》规定，人民法院在对是否存在互惠关系作出裁定前，应当将处理意见报请辖区高级人民法院审查，经高级人民法院同意后，报请最高人民法院审核。经最高人民法院答复后，才能作出裁定。各级人民法院审结的案件，当事人申请承认和执行外国法院判决的，应当在裁定作出之日起15日内，逐级报至最高人民法院备案。很明显，对于申请承认和执行外国法院判决的记录，只要是确定互惠关系的问题，无论审查结果如何，都需要在规定的时间内报告。这一规定对于统一承认和执行外国法院判决中确定互惠关系的判断标准，确保法律适用的明确性、稳定性和可预见性具有重要意义。《纪要》公布3个月后，经最高人民法院批准，上海海事法院于2022年3月根据互惠原则，承认英国高等法院的商事判决。这是中国法院首次承认英国法院的商事判决。同时，这也是中国法院首次审理外国法院判决的承认和执行情况，是在《纪要》公布后根据《纪要》进行审理的。众所周知，英国法院在解决全球商事纠纷方面有着悠久的历史、丰富的经验和巨大的影响。因此，上海海事法院根据互惠原则承认英国高等法院的商事判决成为中国涉外商事审判和司法协助进一步发展的里程碑。

在法国国际私法中对互惠原则的理解需要以法律体系论为基础，即法律原则中心说。其代表学者为卡尔·拉伦茨，该学说的主要观点是以立法确立该部门法的法伦理原则，指能体现该部门法"法理念"或"隐含的法价值"的公理性的原则，以此实证法原则转化"隐含的法价值"、统一外部法律规范，更重要的是以此原则评价法律实践，确保法律实践不脱离"法理念"的正义要求。互惠原则正是此种意义上的法国国际私法的基本原则。

法国自第二次世界大战后的改革可谓忠实地贯彻着自由主义与平等精神，也奉行着无处不在的互惠原则。法国已经签署的各种条约不计其数，对条约的承认与遵守与其根本的互惠原则并行不悖。随着法国大革命的胜利，天赋人权的观念得到法国法律全面的保障。外国人无论种族与信仰都在法国具有平等的法律地位，类似于没收外侨遗产制度的法律被废除。公元19世纪与公元20世纪的法国在外国人的法律方面有不同的侧重与阐释。公元19世纪的政策对外国人是否能具有政治权利作出了区分，并立法确立了互惠原则，表述为"法国给予在法国的外国人以在该外国的法国人所获得的同等权利"。公元20世纪，针对移民和第二代移民不断增多的现象，加上战争的影响，关于国籍的排外现象有所缓解。另外，出于经济危机的影响，以及各国的保护主义倾向，使得全球化与区域合作的客观需要与内国的利益需要互相协调，即需要建立整体互惠利益上的国际合作模式。

依据中国法律，互惠原则的法律内涵由《宪法》《民法通则》和《民事诉讼法》等法律和解释所体现。但是通过上述的法律规定和解释，互惠原则对于国际私法法价值的转化功能在中国现行的司法运行模式中难以有效实现。中国现行法律明确否定了法官造法的权力。关键问题在于，中国没有确保法官恰当地适用法律选择，平等地适用内外国法律，准确地适用条约和外国法律的控制机制。构建以互惠原则转化法价值的中国国际私法的司法机制，要求明确法官法的效力及其与国家制定法的关系，并且需要建立保障法官法恰当运行的控制机制。

参考文献

［1］ 吴祖谋、李双元主编:《法学概论》(第 10 版),法律出版社 2007 年版。

［2］ 张文显主编:《法理学》(第 3 版),法律出版社 2007 年版。

［3］ 张文显:《法哲学范畴研究》(修订版),中国政法大学出版社 2001 年版。

［4］ 张文显:《二十世纪西方法哲学思潮研究》,法律出版社 1996 年版。

［5］ 沈宗灵:《现代西方法理学》,北京大学出版社 1992 年版。

［6］ 梁治平编:《法律解释问题》,法律出版社 1998 年版。

［7］ 张乃根:《西方法哲学史纲》,中国政法大学出版社 1997 年版。

［8］ 周旺生主编:《法理学》,北京大学出版社 2007 年版。

［9］ 瞿同祖:《中国法律与中国社会》,中华书局 1981 年版。

［10］ 陈信勇:《法律社会学》,中国社会科学出版社 1991 年版。

［11］ 梁治平编:《法律的文化解释》,生活·读书·新知三联书店 1994 年版。

［12］ 郭华成:《法律解释比较研究》,中国人民大学出版社 1993 年版。

［13］ 葛洪义主编:《法理学》(第 3 版),中国政法大学出版社 2007 年版。

［14］ 朱景文主编:《法理学研究》,中国人民大学出版社 2006 年版。

［15］ 张中秋:《中西法律文化比较研究》,南京大学出版社 1991 年版。

［16］ 张志铭:《法律解释操作分析》,中国政法大学出版社 1999 年版。

［17］ 范进学:《法的观念与现代化》,山东大学出版社 2002 年版。

［18］ 谢晖:《法律信仰的理念与基础》,山东人民出版社 1997 年版。

［19］ 朱力宇主编:《法理学原理与案例教程》,中国人民大学出版社 2007 年版。

［20］ 韩德培主编:《中国冲突法研究》,武汉大学出版社 1993 年版。

[21] 韩德培主编:《国际私法新论》,武汉大学出版社 2003 年版。

[22] 李双元:《国际私法(冲突法篇)》(修订版),武汉大学出版社 2001 年版。

[23] 李双元等:《中国国际私法通论》(第 3 版),法律出版社 2007 年版。

[24] 李双元主编:《国际私法》(第 2 版),北京大学出版社 2007 年版。

[25] 肖永平:《国际私法原理》(第 2 版),法律出版社 2007 年版。

[26] 刘铁铮:《国际私法论丛》,三民书局 1986 年版。

[27] 赖来焜:《基础国际私法学》,三民书局 2004 年版。

[28] 蒋新苗:《国际私法本体论》,法律出版社 2005 年版。

[29] 姜世波:《互惠与国际法规则的形成——博弈论视角的考察》,载《政法论丛》2010 年第 1 期。

[30] 徐崇利:《经济全球化与外国判决承认和执行的互惠原则》,载《厦门大学法律评论》2005 年第 1 期。

[31] 杜涛:《互惠原则与外国法院判决的承认与执行》,载《环球法律评论》2007 年第 1 期。

[32] 林倩:《再论承认与执行外国法院判决中的互惠原则》,载《法制与社会》2007 年第 11 期。

[33] 韩德培主编:《国际私法》,高等教育出版社、北京大学出版社 2000 年版。

[34] 黄进主编:《国际私法》,法律出版社 1999 年版。

[35] 肖永平:《国际私法原理》,法律出版社 2003 年版。

[36] 李鹏程主编:《当代西方文化研究新词典》,吉林人民出版社 2003 年版。

[37]《美国社会历史百科全书》编译组:《美国社会历史百科全书》,陕西人民出版社 1992 年版。

[38] 蓝仁哲等主编:《加拿大百科全书》,四川辞书出版社 1998 年版。

[39] 栗劲、李放主编:《中华实用法学大辞典》,吉林大学出版社 1988 年版。

[40] 李鑫生、蒋宝德编:《对外交流大百科》,华艺出版社 1991 年版。

[41] 黄汉江主编:《建筑经济大辞典》,上海社会科学院出版社 1990 年版。

［42］李放主编：《经济法学辞典》，辽宁人民出版社 1986 年版。

［43］曾华群：《国际经济法导论》（第 2 版），法律出版社 2007 年版。

［44］刘诗白、邹广严主编：《新世纪企业家百科全书》（第 6 卷），中国言实出版社 2000 年版。

［45］李琮主编：《世界经济学大辞典》，经济科学出版社 2000 年版。

［46］廖盖隆等主编：《马克思主义百科要览》（上卷），人民日报出版社 1993 年版。

［47］北京大学法学百科全书编委会：《北京大学法学百科全书：民事诉讼法学 刑事诉讼法学 行政诉讼法学 司法鉴定学 刑事侦查学》，北京大学出版社 2001 年版。

［48］陈光中主编：《中华法学大辞典：诉讼法学卷》，中国检察出版社 1995 年版。

［49］［英］约翰·奥斯丁：《法理学的范围》，刘星译，中国法制出版社 2002 年版。

［50］［美］E. 博登海默：《法理学：法律哲学与法律方法》，邓正来译，中国政法大学出版社 2004 年版。

［51］［英］哈特：《法律的概念》，张文显等译，中国大百科全书出版社 1996 年版。

［52］［美］罗纳德·德沃金：《认真对待权利》，信春鹰、吴玉章译，中国大百科全书出版社 1998 年版。

［53］［美］罗斯科·庞德：《通过法律的社会控制》，沈宗灵译，商务印书馆 1984 年版。

［54］［美］约翰·罗尔斯：《正义论》，何怀宏、何包钢、廖申白译，中国社会科学出版社 2001 年版。

［55］［奥］凯尔森：《法律与国家的一般理论》，沈宗灵译，中国大百科全书出版社 1996 年版。

［56］［英］洛克：《政府论》，瞿菊农、叶启芳译，商务印书馆 1982 年版。

［57］［德］伯恩·魏德士：《法理学》，丁小春、吴越译，法律出版社 2003 年版。

［58］［法］勒内·达维德：《当代主要法律体系》，漆竹生译，上海译文出

版社1984年版。

［59］［法］卢梭:《社会契约论》,何兆武译,商务印书馆2003年版。

［60］［法］孟德斯鸠:《论法的精神》,申林编译,北京出版社2007年版。

［61］［英］梅因:《古代法》,沈景一译,商务印书馆1959年版。

［62］［美］德沃金:《法律帝国》,李常青译,中国大百科全书出版社1996年版。

［63］［英］罗杰·科特威尔:《法律社会学导论》(第2版),彭小龙译,中国政法大学出版社2015年版。

［64］［美］H. C. A. 哈特:《惩罚与责任》,王勇等译,华夏出版社1989年版。

［65］［美］E. A. 霍贝尔:《初民的法律:法的动态比较研究》,周勇译,中国社会科学出版社1993年版。

［66］［美］泰格·利维:《法律与资本主义的兴起》,纪琨译,学林出版社1996年版。

［67］［美］罗伯特·D. 考特、托马斯·S. 尤伦:《法和经济学》(第3版),施少华等译,上海财经大学出版社2002年版。

［68］［美］彼得·斯坦、约翰·香德:《西方社会的法律价值》,王献平译,中国人民公安大学出版社1990年版。

［69］［英］弗里德利希·冯·哈耶克:《法律、立法与自由》,邓正来等译,中国大百科全书出版社2000年版。

［70］［美］迈克尔·D. 贝勒斯:《法律的原则——一个规范的分析》,张文显等译,中国大百科全书出版社1996年版。

［71］［德］马克斯·韦伯:《社会科学方法论》,杨富斌译,华夏出版社1999年版。

［72］［美］理查德·A. 波斯纳:《法律的经济分析》,蒋兆康译,中国大百科全书出版社1997年版。

［73］［美］理查德·A. 波斯纳:《法理学问题》,苏力译,中国政法大学出版社2002年版。

［74］［美］罗斯科·庞德:《法理学》(第4卷),王保民、王玉译,法律出版社2007年版。

［75］ ［德］马丁·沃尔夫：《国际私法》，李浩培、汤宗舜译，法律出版社
1988 年版。

［76］ ［法］亨利·巴蒂福尔、保罗·拉加德：《国际私法总论》，陈洪武等
译，中国对外翻译出版公司 1989 年版。

［77］ ［美］罗斯科·庞德：《法理学》（第 2 卷），封丽霞译，法律出版社
2007 年版。

［78］ ［德］考夫曼：《法律哲学》，刘幸义等译，法律出版社 2005 年版。

［79］ ［德］弗里德里希·卡尔·冯·萨维尼、雅各布·格林：《萨维尼法
学方法论讲义与格林笔记》，杨代雄译，法律出版社 2008 年版。

［80］ ［德］卡尔·拉伦茨：《法学方法论》，陈爱娥译，商务印书馆 2003
年版。

［81］ ［美］加里·S. 贝克尔：《人类行为的经济分析》，王业宇、陈琪译，
上海三联书店、上海人民出版社 1995 年版。

［82］ ［俄］克鲁泡特金：《互助论：进化的一个要素》，李平沤译，商务印
书馆 1963 年版。

［83］ ［美］罗伯特·O. 基欧汉编：《新现实主义及其批判》，郭树勇译，
北京大学出版社 2002 年版。

［84］ ［美］赫伯特·金迪斯等：《人类的趋社会性及其研究：一个超越经
济学的经济分析》，浙江大学跨学科社会科学研究中心译，上海人民
出版社 2006 年版。

［85］ ［美］赫伯特·金迪斯等：《走向统一的社会科学：来自桑塔费学派
的看法》，浙江大学跨学科社会科学研究中心译，上海人民出版社
2005 年版。

［86］ ［美］汉娜·阿伦特：《论革命》，陈周旺译，译林出版社 2007 年版。

［87］ ［美］小约瑟夫·奈、［加］戴维·韦尔奇：《理解全球冲突与合作：
理论与历史》（第 10 版），张小明译，上海人民出版社 2018 年版。

［88］ Paul Lagarde, *Matière préliminaire*: *La réciprocité en droit international privé*, Martinus Nijhoflf Publishers, 1977.

［89］ Niboyet, "La notion de réciprocité dans les traités diplomatiques de droit international privé", *par Recueil des cours*, Volume 52, 1935, No. 11.

[90] Michel Virally, "Le principe de réciprocité dans le droit international cont-emporain", *par Recueil des cours*, Volume 122, 1967, No. 3.

[91] Jean Derruppe, *Jean - Pierre Laborde*: *Droit international privé*, 16eed, DALLOZ Précis, 2008.

[92] Oscar Ferreira, *Histoire contemporaine des sources du Droit*, Éditeur Ellip-ses, 2019.

[93] Pierre Mayer, *Vincent Heuze*: *Droit international privé*, 8eed, Montchres-tien Précis, 2004.

[94] Yvon Loussouam, *Pierre Bourel*: *Droit international prive*, 9eed, DALLOZ Précis, 2007, Precis.

[95] Yves Labbé, "Apologie philosophique de la réciprocité", *Dans Nouvelle revue théologique*, 2009.

[96] Axelrod Robert, *The Evolution of Cooperation*, Basic Books Press, 2006.

[97] Louis Moreau de Bellaing, "L'éthique et la morale dans le politique", *Dans Journal des anthropologues*, 2014.

[98] Nédoncelle M, *La réciprocité des consciences. Essai sur la nature de la per-sonne*, Paris, Montaigne, 1942.

[99] Aristote, 10 *clés pour repenser le management*, Par Pierre d'Elbée Éditeur Mardaga, 2021.

[100] Stephen Krasner, *International Regimes*, Ithaca: Cornell University Uni-versity Press, 1983.

[101] Howard Becker, *Man in Reciprocity*, New York Prager Press, 1956.

[102] Robert Keohane, "Reciprocity in International Relations", *International Organization*, Vol. 40, No. 1, 1986.

[103] Suzanne Werner, Douglas Lemke, "Opposites Do Not Attract: The Impact of Domestic Institutions, Power, Prior Commitments on Alignment Choices", *International Studies Quarterly*, Vol. 41, 1997.

[104] Donald Compell, Common Fate, "Similarity, and Other Indices of the Sta-tus of Aggregate of Person as a Social Entities", *Behaviour Science*, Vol. 3, 1958.

[105] Robert Keohane, "Reciprocity in International Relations", *International Organization*, Vol. 40, No. 1, 1986.

William Hamilton, "The Genetical Evolution of Social Behavior I and II", *Journal of Theoretical Biology*, Vol. 7, 1964.

[106] Tone Ashworth, Trench Warfare, *1914—1918: The Live and Let Live System*, New York: Holines & Meier Press, 1980.

[107] Alvin Gouldner, "The Norm of Reciprocity", *American Sociological Review*, Vol. 25, 1960.

[108] Paul Lagarde, *Matière préliminaire: La réciprocité en droit international privé*, Martinus Nijhoflf Publishers, 1977.

[109] Joseph Nye, "Ethics and Foreign Policy", *The Aspen Institute Quarterly*, Vol. 3, 1991.

[110] Pierre Mayer, *Vincent Heuze: Droit international privé*, 8eed, Montchrestien Précis, 2004.

[111] Jean Derruppe, *Jean-Pierre Laborde: Droit international privé*, 16eed, DALLOZ Précis, 2008.

[112] Yvon Loussouam, *Pierre Bourel: Droit international prive*, 9eed, DALLOZ Précis, 2007, Precis.

[113] Véronique Legrand, *Droit international privé*, Presses Universitaires de France, 2020.

[114] Michel Virally, "Le principe de réciprocité dans le droit international contemporain", *par Recueil des cours*, Volume 122, No. 3, 1967.

[115] Julie Clavel-Thoraval, *Les indispensables du droit international privé*, Plein Droit, 2019.

[116] P. Mayer, *L'application par l'arbitre des conventions internationales de droit privé in L'internationalisation du droit Mélanges Loussouarn*, Dalloz, 1994.

[117] Troper, *Léviathan Pour une théorie juridique de l'État*, Éditeur Presses Universitaires de France, 1994.

[118] Thomas Risse-Kappen, *Cooperation among Democracies: The European Influence on U. S. Foreign Policy*, Princeton University Press, 1995.

[119] Jean-Luc Marion, *Chapitre Ⅲ. La vérité ou le phénomène saturé*, Dans Au lieu de soi, 2008.

[120] Francine Markovits-Pessel, "Ⅶ- Violence et histoire dans la société civile", *Dans L'ordre des échanges*.

[121] Revue du Nord, "Les étrangers à la cour de Bourgogne : statut, identité, et fonctions", *Éditeur Association Revue du Nord*, 2002.

[122] David Sindres, "Retour sur la loi applicable à la validité de la clause d'élection de for", *Dans Revue critique de droit international privé*, 2015.

[123] Thomas Risse-Kappen, *Cooperation among Democracies: The European Influence on U. S. Foreign Policy*, Princeton: Princeton University Press, 1995.

[124] Arthur A. Stein. , *Why Nations Cooperate*, Ithaca: Cornell University Press, 1990.

[125] Charles Dumoulin, Bertrand Ancel, "Texte de Charles Dumoulin et glose de Bertrand Ancel", *Dans Tribonien*, 2019.

[126] Julie Clavel-Thoraval, *Les indispensables du droit international privé*, Plein Droit, 2019.

[127] Mathieu Perrin, "Une femme de bien (s) : Marguerite Boucicaut Dame patronnesse du bon marché", *Dans Droits*, 2020.

[128] Yves Labbé, "Apologie philosophique de la réciprocité", *Nouvelle revue théologique*, Volume 131, 2009.

[129] Laurent Cordonnier, *Coopération et Réciprocité*, Presses Universitaires de France, 1997.

[130] Antoine Janvier, "De la réciprocité des échanges aux dettes d'alliance: L'Anti-Œdipe et l'économie politique des sociétés primitives", *Dans Actuel Marx*, Volume 52, 2012.

[131] Odile Castel, "La réciprocité au cœur de la structuration et du fonctionnement de l'Économie sociale et solidaire", *Dans Revue Française de Socio-Économie*, Volume 15, 2015.

[132] Antoine Janvier, "De la réciprocité des échanges aux dettes d'alliance:

L'Anti-Œdipe et l'économie politique des sociétés primitives", *Dans Actuel Marx*, Volume 52, 2012.

[133] Serge-Christophe Kolm, *La bonne économie La réciprocité générale*, Presses Universitaires de France, 1984.

[134] Éric Sabourin, Organisations et sociétés paysannes Une lecture par la réciprocité, Éditions Quæ, 2012.

[135] Eric Le Penven, "Populations de France : une émigration croissante à la géographie diversifiée", *Dans Les Analyses de Population & Avenir*, 2021.

[136] Anne Marmisse-d'Abbadie d'Arrast, *Droit international privé et droit notarial*, Éditeur Ellipses, 2017.

[137] David Sindres, "Retour sur la loi applicable à la validité de la clause d'élection de for", *Dans Revue critique de droit international privé*, 2015.

[138] Pierre Dardot, Christian Laval, "Chapitre 11. Les nouveaux mystères de l'État", *Dans Dominer*, 2020.

[139] Véronique Legrand, *Droit international privé*, Presses Universitaires de France, 2020.

[140] Amélie Benoistel, "La preuve de la filiation attributive de nationalité française par un acte de naissance établi en exécution d'un jugement supplétif (Civ. 1re, 4 décembre 2019, n° 18-50.040) ", *Dans Revue critique de droit international privé*.

[141] Grégoire Loiseau, "Chapitre 2. L'état des personnes", *Dans Le droit des personnes*, 2020.

[142] Soufyane Frimousse, Jean-Marie Peretti, "Regards croisés, Les répercussions durables de la crise sur le management", *Dans Question (s) de management*, 2020.

[143] Véronique Legrand, *Droit international privé*, Presses Universitaires de France, 2020.

[144] Fabienne Jault-Seseke, "L'article 32 du Code civil et la définition du Français originaire du territoire", Cour de cassation (Civ. 1re), 9 septembre 2015, *Dans Revue critique de droit international privé*, 2016.

［145］ Mélanges Savatier, *le droit français de la nationalité*, Dalloz, 1965.

［146］ Jean Derruppe, Jean-Pierre Laborde：*Droit international privé*, 16eed, DALLOZ Précis, 2008.

［147］ Julie Clavel-Thoraval, *Les indispensables du droit international privé*, Plein Droit, 2019.

［148］ Elise Ralser, "De quelques règles de preuve en matière de nationalité", *Dans Revue critique de droit international privé*, 2018.

［149］ Grégoire Loiseau, "Chapitre 2. L'état des personnes", *Dans Le droit des personnes*, 2020.

［150］ Étienne Pataut, "Contrôle de l'État ou protection de l'individu？ Remarques sur l'effectivité de la nationalité", *Dans Revue critique de droit international privé*, 2021.

［151］ Karine Parrot, "Nationalité Condition des étrangers", *Dans Revue critique de droit international privé*, 2011.

［152］ Jürgen Basedow, "Le rattachement à la nationalité et les conflits de nationalité en droit de l'Union européenne", *Dans Revue critique de droit international privé*, 2010.

［153］ Kristian Kühl, *Le droit naturel et le droit de la raison*, *Dans L'Évolution de la philosophie du droit en Allemagne et en France depuis la fin de la Seconde Guerre mondiale*, Presses Universitaires de France, 1991.

［154］ Aliénor Ballangé, "Bonne gouvernance ou post-de'mocratie？", *Dans Politique européenne*, 2021.

［155］ Karine Parrot, "Nationalité Condition des étrangers", *Dans Revue critique de droit international privé*, 2011.

［156］ Fabienne Jault-Seseke, "L'article 32 du Code civil et la définition du Français originaire du territoire", Cour de cassation (Civ. 1re), 9 septembre 2015, *Dans Revue critique de droit international privé*, 2016.

［157］ Véronique Legrand, *Droit international privé*, Presses Universitaires de France, 2020.

［158］ Julie Clavel-Thoraval, *Les indispensables du droit international privé*,

Plein Droit, 2019.

[159] Karine Parrot, "Nationalité Condition des étrangers", *Dans Revue critique de droit international privé*, 2011.

[160] Vincent Bonnet, "La fraude commise par un tiers justifie l'annulation de l'enregistrement de la déclaration d'acquisition de la nationalité française par la possession d'état", *Dans Revue critique de droit international privé*, 2019.

[161] David Sindres, "Retour sur la loi applicable à la validité de la clause d'élection de for", *Dans Revue critique de droit international privéRevue critique de droit international privé*, 2015.

[162] Oscar Ferreira, "Histoire contemporaine des sources du Droit", *Éditeur Ellipses*, 2019.

后　记

　　学术研究无法仅凭研究者个人的努力完成。学术成果的产生或者缘于某种话语的启发，或者来自某类资料的累积，以此为基础经过研究者的独立思考，形成独具个性的观念，所谓成果才产生。近年来自己所遇之人，所经历之修为，以一种整体性的方式对自己产生了难以描述的影响，当下的自己分明能够感受到与以往的自己在思维方式、生活态度和学术基底方面的区别。对自己而言，这无疑是让人感到非常幸运、丰富并且幸福的一段时间，如同一段朴素甜美的生活流淌在优美的时光的旋律里。生命已然如此，唯觉不尽的感激满溢于心，却不知应当如何回报的惶恐。

　　任何见过恩师李双元先生的人，都会自然而然地生起信心，受到激励和鼓舞。先生常说："如果我的过去，我的人生道路上的种种经历能给年轻人一点启示、一点借鉴、一点帮助，那便是我最大的欣慰了。"先生于学生的影响，甚至是超越法学本身的，是一种能够为学生构筑一种客观环境的实在。在这种氛围里，学术与社会的种种不堪仿佛被隔绝了，充满了如同蕴藉的阳光一般清朗却深厚的自然的伟力，一种对生命本身的抵抗力。师母陈锡禄女士亲切如同祖母，总能在不经意的交流中，说出生命含量极高的话语，她所具有的坚忍与乐观是常常使我感怀的。

　　受益于先生的引导，我养成了每日读书、思考、做笔记并与人纠结知识的习惯。无论身在何处，在中国便读中国书，在外国便抄外国文，习惯的力量已然发生。如果有一天没能做足功课，心里便是十分不踏实的。而正是这种对知识本身的信仰、坚持与沉醉也将自己与人生的种种烦闷、苦恼与无奈隔离开来。如同卡西尔所言："人的性质本身就是存在与不存在并存的。"除却情感的、日常的、作为生物体的生活，人还有文化的符号化的生活的客观存在。虽然将人生本然所具有的责任艺术化太难，但是承载与革新的勇气还是不缺乏的。

数年来，深受其他师长如蒋新苗教授、黄晓燕教授、李先波教授、肖北庚教授、郑远民教授、徐涤宇教授、王贵国教授、刘健教授的教诲，以及法国的 Didier Boden 先生、Delhomenie Jean Pierre 先生、Sabrina 女士在有关法国国际私法方面提供的资料、理论、方法诸方面的指导。

与同窗好友熊玉辉、王葆茜、肖军、朱立恒、姚艳霞、张耀中、吴磊、杨江涛、赵文静、夏涛、蔡涛、宋云博、李琴、黄小喜、李良才等在多年修业的过程中，时常相互切磋、辩难，形成了一个学术共同体，使我深感"吾道不孤"，并体会到学术研究与思想交流的快乐。

深深感谢我的先生崔浩毅、儿子崔峻华、父亲邓正龙、母亲宋玲玲、公公崔剑、婆婆许自兰为我提供恒定、温馨与安宁的支持。限于篇幅，还有更多对本书的写作有所助益的师友未能在此处提及。最后，文章难免有错谬之处，当由我本人承担全部责任。本专著为教育部国家留学基金委中法"欧洲法"项目资助研究成果（作者时任联合国国际劳工组织巴黎工作局研究员）。

邓　剑
2023 年 8 月